KB159397

내가 SNS에 올린 글도 역사가 된다고?

내가 SNS에 올린 글도 역사가 된다고?

김대갑 글 김혜령 그림

나무를 심는 사람들

언제 어디서나
역사하라!

고등학교에서 한국사와 세계사를 가르치고, 고등학교 1학년 담임이자 초등학교 6학년 남자아이의 아빠인 저는 얼마 전 아들로부터 놀라운 이야기를 들었습니다. 요즘 초등학생들이 가장 어려워하는 과목이 수학과 사회인데, 사회 중에서도 역사 분야를 가장 어려워한다는 것이죠. 수학은 어느 정도 이해가 되지만 역사가 어렵다는 말이 잘 이해되지 않아 우리 반 학생들에게도 물어봤습니다. 역시나 많은 고등학생들이 역사가 어려운 과목이라고 답했습니다.

충격을 받은 저는 학생들에게 역사 공부가 매우 흥미롭고 재미있다는 사실을 알려 줘야겠다고 마음먹었습니다. 그러기 위해서 초등학교 6학년인 우리 아들부터 고등학교 1학년인 우리 반 제자들이 재미있게 읽을 책을 써 보자는 생각을 하게 되었습니다. 왜냐하면 역사 공부는 대부분 독서를 통해서 하게 되는데 역사적인 사실을 알려 주는 책은 많아도 역사 과목 자체에 대해 알려 주는 책은 별로 없다는 사실을 알게 되었기 때문입니다.

그래서 이 책이 탄생하게 되었습니다. 이 책은 역사가 책 속에만 있는 것이 아니라 우리 주변 어느 곳에나 있다는 이야기로 시작합니다. 역사가 짜장면 같은 음식 속에나 애니메이션, 그리고 테디 베어 같은 곰 인형 속에도 담겨 있다는 사실을 알 수 있게 됩니다. 심지어 역사는 물건 속에만 있는 것이 아니라 내 생각과 취향을 만들기도 합니다.

　그다음 역사가 무엇인지 이야기합니다. 역사란 암기 과목이 아니라 탐구 과목이고, 여러분이 SNS에 올린 글도 역사가 될 수 있다는 사실, 그리고 역사는 서술하는 이의 입장에 따라 달라진다는 사실을 알게 됩니다. 한편 역사를 더 잘 이해하고 더 많은 재미를 느끼기 위해서는 역사를 다양한 각도에서 바라보아야 합니다.

　역사는 이야기로 구성되어 있지만 그 이야기를 잘 살펴보면 어떤 패턴이 있다는 사실을 알 수 있습니다. 수학처럼 공식이 있는 것이 아니지만 역사에도 일정한 '개념'과 '틀'이란 것이 있지요. 역사를 개별적인 이야기에서 벗어나 조금 더 '높은' 곳에서 바라보는 방법을 알게 되면 역사 공부가 훨씬 쉬워집니다. 개별적인 나무만 보면서 숲속을 헤매는 것보다는 하늘 위에서 전체 숲의 모습을 바라보는 것이 숲을 이해하는 더 좋은 방법인 것처럼 말이지요.

마지막으로 역사의 '쓸모'에 대해서 이야기할 겁니다. 그냥 재미있어서, 혹은 학교 시험에서 좋은 점수를 받기 위해 역사를 공부하기도 하지만 역사는 세상을 좀 더 잘 이해하고 더 나은 사회를 만들기 위해 필요한 학문이기도 하니까요. 너무 거창한 이야기라고요? 역사를 재미있게 공부하다 보면 자신의 진로를 정하고 취업을 하는 데에도 도움이 되기도 합니다. 그러기 위해 역사 공부를 잘하는 비결도 알려 드려요.

그런데 이 책을 읽으면서 주의해야 할 것이 있습니다. 이 책에 나오는 이야기를 절대적으로 믿으면 안 된다는 것입니다. 역사에는 답이 없고 이 책에 쓰인 내용도 저자의 생각일 뿐입니다. 앞으로도 시대가 변하면 역사 해석도 끊임없이 변하게 되겠지요. 그러므로 역사가 끝이 없는 것처럼 역사 공부도 끝이 없답니다. 어쩌면 역사는 영원히 즐길 수 있는 게임과 비슷할지도 모릅니다.

그러한 게임을 즐기는 가장 좋은 방법은 '역사적으로 생각하기'입니다. 이 책을 읽으면서 역사적으로 생각하는 연습을 해 보세요. 저 물건 속에는 어떤 역사가 담겨 있을까? 나는 왜 이런 행동을 하고, 다른 사람들은 어떤 시대를 살았기에 그런 행동과 생각을 할까? 이 사회는 왜 이럴까? 이 세상이 더 좋아지려면 어떤 역사를 만들어 가야 할까? 이런 생각을 하다 보면 역사 공부도 재미있어지고, 생각도 풍부해지며, 덤으로 이 사회도 더 나아지지 않을까요?

잊지 마세요. 우리는 역사로 가득 찬 세상에 살고 있음을, 그리고 언제 어디서나 역사하라!

차례

3장

역사란 무엇일까?

4장

역사를 보는 다양한 눈을 길러라!

1장

이런 곳에도
역사가
있다고?

1

짜장면 속에도 역사가 담겨 있다고?

중국 음식점에서 음식을 선택할 때 짜장면을 먹을지 짬뽕을 먹을지 고민하게 되죠? 짬뽕도 맛있지만 짜장면의 고소하고 달콤한 맛을 놓치기 싫으니까요. 그런데 짜장면에는 쫄깃한 면과 맛있는 소스뿐 아니라 한국과 중국, 일본의 역사도 담겨 있답니다.

· ·

짜장면의 역사는 19세기 후반으로 거슬러 올라갑니다. 1882년 조선에서는 임오군란이라는 사건이 일어납니다. 임오군란은 구식 군대의 군인들이 신식 군대인 별기군과의 차별 대우와 밀린 봉급에 불만을 품고 반란을 일으킨 사건이었지요. 그런데 당시 조선 정부는 군인들의 반란을 진압할 능력이 없어서 청나라에 도움을 요청했어요. 그때 청나라 군대가 들어왔는데 중국 상인 40여 명이 함께 들어와 인천에서 살기 시작합니다. 외국으로 이주해서 사는 중국인들을 화교라 하는데, 이들이 조선에 들어온 최초의 화교였던 셈이죠. 짜장면은 바로 인천에 살던 화교들이 개발한 음식입니다.

임오군란이 일어난 지 12년 뒤인 1894년에 더 많은 화교들이 인천으로 이주합니다. 1894년은 한국사에서 매우 중요한 시기인데, 동학 농민 운동, 갑오개혁, 청일 전쟁이 일어났기 때문이죠. 그렇다면 이 세 가지 사건 중 어느 것이 짜장면과 관계있을까요? 너무 어렵나요? 그렇다면 힌트! 짜장면은 인천에 살던 화교들이 만들었다고 했죠? 맞아요. 정답은 청일 전쟁입니다. 청일 전쟁은 청과 일본이 서로 조선을 지배하기 위해 경쟁하다가 일어난 전쟁입니다. 전쟁이 일어나자 청나라 군인들과 함께 물자를 옮기는 노동자들이 들어오게 되었어요. 전쟁이 끝난 뒤에도 많은 중국인 노동자들이 인천에 남게 되었답니다.

짜장면은 인천에 살던 화교가 만들었대

중국인 노동자들은 한국 음식이 입맛에 맞지 않아 중국식 된장인 춘장을 국수에 넣어 비벼 먹었다고 하네요. 본래 중국 음식이었던 짜장미엔을 흉내 낸 것이죠. 하지만 짜장미엔과 짜장면은 많이 달라요. 본래 춘장은 연한 갈색인데, 한국에서는 캐러멜을 넣어 검은색이 되었고, 단맛이 나게 되었으며, 녹말을 넣어 국물이 걸쭉해졌죠.

짜장면을 먹을 때 빠져서는 안 되는 음식인 단무지는 일본 음식입니다. 단무지는 일본어로 다쿠앙이라고 하는데, 일본의 다쿠앙 스님이 만들었다고 하죠. 일본식 다쿠앙은 주로 짠맛이 나는데 한국식 단무지가 되면서 단맛과 신맛이 추가되었다고 합니다. 단무지의 경우 일본에서 한국으로 전래된 정확한 시기는 알 수 없지만 일본의 지배를 35년간 받으면서 한국인들 사이에 널리 전파된 것만큼은 의심하기 힘들겠죠?

이처럼 짜장면과 단무지는 중국과 일본의 음식 문화가 전파되어 한국에서 새롭게 만들어진 음식입니다. 하지만 우리가 짜장면으로 한 끼 식사를 한다는 것은 여러 지역의 음식 문화를 경험한다는 것만을 의미하지는 않습니다. 짜장면이 임오군란과 청일전쟁, 그리고 일제 강점기라는 역사 속에서 전파되었다고 했죠? 그렇다면 짜장면에는 조선을 차지하려는 일본과 중국의 침략이 담겨 있다고 할 수 있겠네요. 그뿐 아니라 짜장면에는 망해 가는 청나라를 떠나 조선에서 고된 노동을 하던 중국인 노동자들의 고단한 삶, 일제 강점기를 거치며 단무지 한두 조각을 반찬 삼아 끼니를 때우던 조선인들의 어려운 생활이 들어 있을지도 모릅니다.

이처럼 짜장면 한 그릇 속에도 역사가 가득 담겨 있습니다. 앞으로 음식을 먹을 때마다 음식 속에 어떤 역사가 들어 있는지 알아보는 것도 재미있겠죠?

2

전라도 음식은 왜 맛있을까?

'세계에서 가장 맛있는 요리는 무엇일까?'라는 질문에 많은 사람들이 '프랑스 요리'라는 답을 하겠죠? 그렇다면 '한국에서 음식이 맛있는 지역은 어디인가?'라는 질문에는 '전라도'라고 답하는 사람들이 많을 겁니다. 그런데 왜 전라도 음식은 맛있을까요? 그 이유는 백제의 역사 속에 숨어 있답니다.

전주비빔밥, 담양 떡갈비, 여수 간장 게장, 나주 곰탕, 순창 고추장 등등 전라도를 대표하는 음식이 너무나도 많습니다. 전라도 음식은 종류가 다양하고 화려한 색채를 자랑할 뿐만 아니라 감칠맛이 나는 음식이 많습니다. 전라도 음식이 맛있는 기본적인 이유는 식재료가 풍부하기 때문입니다. 평야가 많아 곡식과 채소 등 농산물이 풍부하고 서해와 남해 두 면이나 바다를 접하고 있어서 해산물도 풍부하지요. 서해와 남해는 동해와는 달리 해안선이 복잡하고 수심이 얕아서 다양한 해양 생물이 살 수 있다고 합니다. 게다가 노령산맥과 소백산맥으로 둘러싸인 내륙 산간 지방에서 고랭지 채소, 고사리와 버섯 등 다양한 산나물이 나와 음식 문화가 발달할 수 있는 지리적인 요건을 갖추고 있습니다.

음식이 맛있기 위해서는 식재료가 풍부할 뿐만 아니라 그것을 누리는 사람들의 생활이 넉넉하고 다양한 문화를 접하는 등 경제적·문화적 요인도 중요합니다. 쉽게 얘기해서 먹고살 만하고 여기저기서 보고 들은 것이 많아야 다양하고 고급스러운 음식을 즐기게 된다는 뜻이지요. 과거 백제가 바로 그런 나라였습니다.

'강건한 고구려 문화, 소박한 신라 문화, 화려한 백제 문화'라는 말을 들어 봤나요? 정복 활동을 활발하게 했던 고구려의 문화는 강건할 것이고, 고구려와 백제에 둘러싸여 발전이 늦었던 신라의 문화는 소박할 수밖에 없었습니다. 반면에 백제는 농산물이 풍부해서 경제적으로도 넉넉했고 고구려나 신라보다 먼저 발전해서 강대국으로 성장한 나라였습니다.

4세기 근초고왕 시절에는 고구려를 공격해서 고구려의 고국원왕을 전사하게 하였고, 중국의 요서 지방을 공격하기도 했었죠. 그럴 수 있었던 이유가 바다를 통해 중국 및 일본과 교류하며 국력을 키웠기 때문입니다. 당시 중국은 남북조 시대였는데 화려한 귀족 문화가 발달했던 남조의 영향을 받아 백제의 문화도 화려한 모습을 갖추게 됩니다.

'백제(百濟)'라는 나라 이름만 보더라도 경제적으로 번영하고 국제적이었던 백제의 성격이 드러납니다. 백제의 뜻은 여러 가지가 있지만 대개 '100개의 나루터'라는 해석이 유력합니다. 나루터는 항구나 선착장을 말하는 것으로 백제가 강이나 바다를 무대로 활발하게 활동하여 번영했던 나라라는 사실을 알 수 있습니다.

자, 이제 왜 전라도 음식이 맛있는지 알 수 있겠지요? 이처럼 음식과 역사는 별개의 것이 아니랍니다. 보통 여행을 가면 볼거리, 즐길 거리, 먹거리를 찾기 마련입니다. 볼거리는 아름다운 자연 경관이나 역사 유적지를, 즐길 거리는 지역 축제나 놀이 시설을, 먹거리는 그 지역의 특산물로 요리한 음식을 찾게 됩니다. 앞으로는 그런 경험을 할 때마다 그 지역의 역사를 떠올려 보세요.

66 전라도 음식이 맛난 이유는 99 화려한 백제 문화 덕분이야

여수 여행을 가서 간장 게장 정식을 먹으며 해산물이 풍부한 남해안의 지리를 떠올려 보는 건 어떨까요? 여수 전라좌수영 진남관에 들러 일본은 전라도 지역을 빼앗기 위해 대병력을 파견하고, 이순신 장군은 곡창 지대인 그곳을 지키기 위해 사력을 다한 모습을 생각해 보는 것은 어떨까요? 지리와 역사와 음식 문화는 이런 식으로 만나게 됩니다. 여행을 가서도 역사를 잊지 말아 주세요.

3

비너스가 옷을 벗고 있는 이유는?

비너스를 주제로 삼은 그림이나 조각은 참 많아요. 오늘은 〈밀로의 비너스〉라는 조각상과 〈비너스의 탄생〉이라는 보티첼리의 그림을 살펴볼까요? 두 작품의 공통점은 비너스가 주인공이고, 비너스가 옷을 거의 입지 않고 있다는 것이네요. 그런데 비너스는 왜 옷을 입지 않고 있을까요?

〈밀로의 비너스〉는 기원전 2세기경에 만들어진 고대 그리스의 조각품입니다. 밀로섬에서 발견되었기 때문에 〈밀로의 비너스〉라는 이름을 얻게 되었는데 이 조각상은 두 팔이 없습니다. 아름다운 여신의 완벽한 모습을 만들기 어려워서 조각가가 팔을 만들지 않았다는 해석도 있지만, 원래 팔이 있었는데 오랜 세월을 지나다 보니 떨어졌다는 해석이 더 설득력을 얻고 있다고 합니

〈밀로의 비너스〉

다. 원래는 오른손으로 다리 위의 옷 주름을 잡고 있었을 것으로 추측하기도 하더군요.

　〈밀로의 비너스〉는 왜 옷을 입지 않고 있을까요? 비너스는 여신이니까 옷을 입는 것이 맞지 않나요? 답은 '알 수 없다'입니다. 신이 옷을 입을지 입지 않을지 판단하는 것은 어디까지나 인간 중심적인 생각일 테니까요.

그리스인들이 생각한 신의 모습도 인간적인 신이었습니다. 그리스 신화를 보면 신도 인간처럼 시기와 질투를 하고 실수와 잘못을 저지르기도 합니다. 그리스인들은 신의 모습을 그리거나 조각할 때 가장 아름다운 인간의 모습으로 신을 표현했습니다. 결국 신의 모습을 표현하는 척하면서 실제로는 인간의 아름다움을 찬양하는 셈이 된 것입니다.

아래 그림은 15세기 이탈리아의 화가 보티첼리가 그린 것입니다. 〈밀로의 비너스〉처럼 신의 모습을 표현하면서 인간의 아름다운 신체를 묘사한 그림이라고 할 수 있습니다. 그렇다면 서양인들은 항상 인체의 아름다움을 자유롭게 표현했던 것일까요? 그렇지 않았던 시대도 있었습니다. 옆 그림을 보세요. 긴 옷을 입고 있어서 몸매가 드러나지 않고 세 여신이 모두 비슷하게 생겼으며,

보티첼리의 〈비너스의 탄생〉

입체감이 없고 평면적이라 재미가 없는 그림이 되었네요. 중세에는 이런 식의 그림을 그렸습니다.

중세 시대 미의 여신

중세는 대개 서로마 제국이 멸망한 5세기부터 동로마 제국이 멸망한 15세기 중엽까지를 말합니다. 이때는 인간적인 신이 아니라 경건하고 전지전능한 신을 섬기는 시대였고, 그러한 신을 내세우는 교회가 지배했기 때문에 그림도 인간의 아름다움을 표현하지 않았던 것입니다.

그러다가 14세기경부터 이탈리아에서 과거 그리스 로마 시대의 문화로 돌아가려는 움직임이 일어나게 되는데 이를 르네상스라고 합니다. 르네상스란 프랑스어로 '재생' 혹은 '부활'이라는 뜻으로 인간 중심적인 문화가 다시 살아나게 된 셈이죠. 그래서 미의 여신은 다시 옷을 벗게 되었답니다.

그런데 왜 그런 움직임이 이탈리아에서 시작되었을까요? 이탈리아는 예전 로마 제국의 중심지였을 뿐 아니라 유럽과 아시아, 아프리카로 둘러싸인 지중해 한가운데에 위치해 있다 보니 무역을 통해 돈을 많이 번 도시들이 나타났습니다. 그러한 도시의 부자들이 영주나 교황으로부터 자치권을 사들여서 자유를 얻게 되었고요. 그러다 보니 자유로운 사고와 인간 중심적인 생각들이 발달하게 되어 인체의 아름다움을 표현하는 미술과 문학, 그리고 자연 과학 등의 학문이 융성하게 되었습니다. 신이 아니라 인간이 역사의 중심에 서게 된 것이죠.

미의 여신 비너스는 인간의 아름다움을 찬양하는 거였어

이제 비너스가 옷을 벗고 있는 이유를 알게 되었나요? 우리는 미의 여신이 옷을 입었느냐 벗었느냐의 문제는 단순한 복장의 문제가 아니라 거대한 역사의 변화를 표현하고 있다는 사실을 알게 되었습니다. 앞으로 그림을 볼 때마다 어떤 역사가 그런 그림을 탄생시켰는지 궁금증을 가져 보는 것은 어떨까요? 그림 속에도 역사가 녹아 있으니까요.

파트라슈가 유럽의 역사를 알려 준다고?

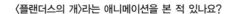

〈플랜더스의 개〉라는 애니메이션을 본 적 있나요? 영국의 작가 위다가 쓴 동화를 각색하여 일본의 쿠로다 요시오 감독이 애니메이션으로 만들었지요. 결말이 슬프기는 하지만 재미있으면서도 너무나 아름다운 이야기입니다. 그런데 〈플랜더스의 개〉는 역사 이야기를 직접 다루는 것은 아니지만 생각보다 다양한 역사적인 배경을 갖고 있어요.

〈플랜더스의 개〉의 줄거리는 대략 이래요.

주인공 소년 네로는 부모님이 일찍 돌아가시고 우유 배달을 하는 할아버지와 함께 살아갑니다. 그러다가 버림받은 개 파트라슈를 발견하고 정성껏 보살펴 줘요. 파트라슈가 건강을 회복하자 다리가 아픈 할아버지 대신 우유 수레를 끌게 되고, 파트라슈와 네로는 서로를 의지하는 좋은 친구가 됩니다.

그림에 소질이 있던 네로는 날마다 그림을 그리며 화가를 꿈꾸었지요. 네로는 성당에 걸린 화가 루벤스의 작품을 보고 싶었지만 몇 푼의 입장료가 없어서 볼 수 없었답니다. 네로에게는 아로아라는 여자 친구가 있었는데, 부자인 아로아 아버지는 자기 딸이 가난한 네로와 어울리는 것을 못마땅해했어요. 그러다가 아로아 아버지 창고에 불이 났는데, 아로아 아버지는 네로의 짓으로 의심을 합니다. 할아버지마저 돌아가시게 되자 네로와 파트라슈는 집에서 쫓겨나게 되는데….

아직 안 본 학생들을 위해 그 후의 이야기는 하지 않을게요. 선생님은 이 애니메이션을 본 지 30년이 넘었는데도 대부분의 장면을 생생하게 기억한답니다. 그럴 정도로 재미있고 감동적인 이야기였어요. 그런데 당시 초등학생이었던 선생님이 〈플랜더스의 개〉를 보면서 조금 이상하게 생각했던 장면이 있었어요. 바로 네로와 할아버지가 파트라슈에게 우유를 먹이는 부분이었죠. 〈플랜더스의 개〉가 처음 상영되던 1980년대 초반, 초등학생이었던 선생님은 우유를 마음껏 마시지 못했는데, 동네에서 가장 가난한 네로네 집이 개한테 우유를 준다는 것은 이해하기 힘들었어요. 나중에 알고 보니 네로와 파트라슈가 살았던 동네가 플랜더스 지방이었기 때문에 가능한 장면이었답니다.

플랜더스 지방은 현재는 주로 벨기에에 속해 있는데, 일찍부터 우유나 치즈 등을 생산하는 낙농업과 양털로 옷감을 만드는 모직물 공업이 발달해서 유럽에서 가장 부유한 지역이었습니다. 낙농업이 발달한 동네라 파트라슈도 우유를 먹을 수 있었던 것이라 짐작할 수 있겠지요.

그런데 플랜더스 지방이 경제적으로 앞서 나가는 지역이다 보니 주변 강대국들이 가만히 놔두지 않았습니다. 백 년 전쟁에 대

백 년 전쟁 1337년부터 1453년까지 116년 동안 영국과 프랑스가 벌인 전쟁으로 여러 차례 휴전을 되풀이하면서 진행되었다. 영국은 1066년 이후 프랑스 내부에 영토를 소유하였기에 두 나라 사이에는 오랫동안 분쟁이 계속되었다. 백 년 전쟁의 근본적 원인은 유럽 최대의 모직물 공업 지대인 플랜더스와 유럽 최대의 포도주 생산지인 기옌 지방을 서로 차지하려고 한 것이다.

해 알고 있나요? 프랑스와 영국이 100년 넘게 했던 전쟁이고 프랑스의 잔 다르크가 활약했던 것으로 유명하죠. 그 전쟁의 원인들 중 하나가 플랜더스 지방을 영국과 프랑스가 서로 차지하려 했기 때문이었답니다.

한편 백 년 전쟁에서 패배한 영국은 플랜더스 지방을 잃고 나서 오히려 영국을 세계 초강대국으로 만들었던 산업 혁명에 들어가게 됩니다. 왜냐하면 원래 영국은 모직물 공업이 발달한 플랜더스 지방에 모직물의 원료인 양털을 수출했는데, 전쟁에서 패배한 후 직접 모직물을 생산하면서 산업 혁명에 진입하게 되었기 때문입니다.

배경 지식이 있으면 애니메이션도 더 재미나

네로가 그토록 보고 싶어 했던 그림인 〈십자가에서 내림〉을 그린 루벤스는 북유럽 르네상스를 대표하는 화가입니다. 이탈리아에서 시작된 르네상스가 이탈리아 반도 북쪽에 있는 알프스를 넘어 네덜란드, 독일, 프랑스, 영국 등으로 전파된 것을 북유럽 르네상스라고 하지요.

이처럼 네로는 북유럽 르네상스의 영향을 받은 플랜더스 지방에 살았기 때문에 루벤스의 그림을 볼 수 있었고, 파트라슈는 백 년 전쟁에서 영국과 프랑스가 서로 빼앗으려 했던 부유한 지역에 살았기 때문에 우유를 먹을 수 있었던 것입니다. 어때요, 〈플랜더스의 개〉를 통해 알 수 있는 역사 이야기가 적지 않았지요? 애니메이션 속에도 역사가 흐르고 있답니다.

5

일주일은
왜
7일일까?

세상에서 가장 강력한 규칙은 무엇일까요? 여러 가지가 있겠지만 그중 하나는 '시간'이 아닐까요? 우리는 1년이 365일이고, 1주일이 7일, 하루가 24시간인 세상에서 살고 있습니다. 그런데 이런 규칙은 대체 언제 만들어진 걸까요?

이번 장에서는 여러 시간의 단위 중 주와 월에 대해 이야기해 볼까 합니다. 아주 오래전 달력이 만들어지기 전에는 '월'의 개념은 있었지만 '주'의 개념은 없었습니다. 달이 완전히 보일 때부터 반달을 거쳐 완전히 보이지 않다가 다시 반달을 거쳐 완전히 보이는 보름달이 되는 한 주기를 '달의 위상 변화'라고 합니다. 그 주기가 29.5일 정도이므로 대략 30일을 한 달로 하면 되기 때문에 쉽게 활용할 수 있었습니다. 하지만 7일을 한 주기로 하는 오늘날의 일주일의 개념은 어떻게 생겨났을까요?

주일이 필요한 이유는 한 달 30일이 너무 길기 때문입니다. 그래서 세계 각 지역마다 한 달보다 짧은 주기가 있었지요. 우리 조상들은 '보름' 즉 15일의 개념과, 10일에 해당하는 '순'의 개념이 있었습니다. 그리고 5일의 개념도 있어, 5일마다 장터가 서는 '오일장'도 있었지요. 하지만 7일이 한 주일이라는 개념은 없었습니다.

일주일이 7일이 된 이유에 대해서는 여러 가지 설이 있습니다. 먼저 달의 위상 변화가 4단계를 거치는데 각각의 단계가 대략 7일이 걸리므로 일주일이 7일이 되었다는 주장이 있습니다. 그리고 오늘날 크리스트교의 뿌리인 유대교에서 신이 세상을 창조하

고 일곱 번째 날에 쉬었기 때문에 '안식일(편안하게 쉬는 날)'이라는 개념이 생겼는데, 여기서 일주일을 7일로 하는 관습이 생겼다는 주장도 있습니다. 고대 바빌로니아인들이 7을 신성한 숫자로 생각했기 때문이라는 주장도 있는데, 유대교에서도 7을 신성한 숫자로 생각하는 것을 보면 세 가지 요인이 복합적으로 작용한 것이 아닌가 생각됩니다.

어쨌든 일주일을 7일로 정한 것은 오늘날 이스라엘 사람들의 조상인 유대인들을 비롯한 서아시아 사람들의 공통된 관습이었습니다. 서아시아는 이라크, 시리아, 이스라엘, 팔레스타인, 사우디아라비아 등의 지역을 말합니다. 이 지역에서 유대교가 탄생했고 이 유대교의 영향을 받아 크리스트교와 이슬람교가 성립했기 때문에 이들 종교가 전파되는 곳마다 일주일을 7일로 지내는 관습이 펴져 나갔던 것입니다.

오늘날 세계에서 가장 많은 사람들이 믿는 종교는 크리스트교, 두 번째는 이슬람교입니다. 크리스트교는 대략 31%, 이슬람교는 24%의 사람들이 믿고 있습니다. 여기에 1400만 명 정도 되는 유대교 신자를 합치면 전 세계인의 절반 이상이 일주일을 7일로 지내게 된 셈이지요.

일주일이 7일이 아닐 수도 있었다니!

일주일이 7일이라고 믿는 상식도 역사적으로 크리스트교와 이슬람교가 세력을 확장하고 유럽이 강해졌기 때문에 만들어진 것일 뿐입니다. 만약에 크리스트교와 이슬람교가 세계적인 종교가 되지 않았다면 일주일은 7일이 아니었을 수도 있을 테니까요. 세상에 원래부터 그런 것은 없습니다. 우리가 살고 있는 세상의 모든 것은 역사적으로 형성되었답니다.

6

곰 인형에 대통령 이름을 붙였다고?

귀여운 곰 인형 테디 베어를 알고 있나요? 테디 베어라는 이름은 미국의 26대 대통령 시어도어 루스벨트의 이름을 따서 지은 거랍니다. 루스벨트 대통령의 애칭이 테디이거든요. 어쩌다 곰 인형에 대통령 이름을 붙이게 됐을까요?

시어도어 루스벨트 대통령은 사냥을 좋아했어요. 어느 날 미시시피주에서 곰 사냥을 했는데, 상당히 시간이 흘렀지만 곰을 한 마리도 잡지 못했지요. 그러자 그 지역의 곰 전문 사냥꾼이 새끼 곰 한 마리를 나무에 묶어 놓더니 루스벨트 대통령에게 총을 쏘라고 했답니다. 루스벨트 대통령은 '나무에 묶여 있는 짐승은 쏘지 않겠다'며 쏘는 것을 거부했대요.

이 소식이 신문에 실렸고, 어느 인형 가게 주인이 자신의 곰돌이 인형에게 '테디 베어'라는 이름을 붙여 판매했습니다. 테디 베어는 불티나게 팔렸고 전 세계로 퍼져 나갔지요.

루스벨트 대통령은 숲과 동물을 보호하는 법률과 대기업의 횡포로부터 서민들을 보호하는 법률을 만들었어요. 러일 전쟁을 잘 중재한 공로로 노벨 평화상을 받기도 했습니다.

그런데 루스벨트 대통령이 미국인들에게는 존경받을 만한 사람인지 몰라도 한국인들에게는 전혀 그렇지 않습니다. 대한 제국이 일본에 강점당하는 과정에서 발생한 두 가지 국제 전쟁에 대해 알고 있나요? 맞아요, 청일 전쟁과 러일 전쟁입니다. 두 전쟁은 청과 일본, 그리고 러시아와 일본이 조선에 대한 지배권을 두고 벌인 전쟁이었습니다. 두 전쟁에서 승리한 일본이 조선을 강점했다는 사실은 대부분 알고 있을 것입니다. 그런데 일본이 러일 전쟁에서 승리하는 데 가장 큰 도움을 준 나라가 미국이라는 사실도 알고 있나요?

미국은 두 가지 방식으로 일본을 도왔습니다.

첫째는 일본과 가쓰라 태프트 밀약을 체결한 부분입니다. 일본 수상 가쓰라 다로와 미국의 육군장관 윌리엄 태프트가 맺은 조약으로 미국이 일본의 대한 제국 지배를 인정하고, 일본은 미국의 필리핀 지배를 인정한다는 내용으로 이루어져 있습니다. 이 시기는 유럽의 강대국들이 전 세계에 걸쳐 영토와 이권을 확대해 가는 제국주의 시대를 열고 있었고, 미국과 일본도 이 대열에 본격적으로 끼어든 것입니다.

둘째는 일본이 러일 전쟁에 쏟아 부은 전쟁 비용 20억 엔 중 12억 엔을 영국과 미국이 지원한 부분입니다. 이 두 가지 사례를 통해 미국은 일본이 러일 전쟁에서 승리할 수 있도록 지원을 아끼

가쓰라 태프트 밀약 가쓰라 태프트 밀약으로 미국에게 한반도에 대한 지배권을 인정받은 일본은 1905년 8월 제2차 영일 동맹을 맺어 영국에게도 한반도에 대한 지배권을 인정받았다. 그리고 1905년 9월 포츠머스 조약을 체결해 러시아에게도 한반도에 대한 지배권을 인정받았다. 이처럼 미국과 일본 사이에 이루어진 가쓰라 태프트 밀약은 일본이 제국주의 열강의 동의를 얻어 한반도의 식민화를 노골적으로 추진해 가는 직접적인 계기가 되었다.

지 않았음을 알 수 있습니다. 이 당시의 미국 대통령이 바로 시어
도어 루스벨트였습니다.

반쪽은 평화를 사랑하고
반쪽은 폭력에 열광하는
너는 두 얼굴의 테디 베어

세상엔 영원한 친구도 영원한 적도 없다고 하는데 역사도 마
찬가지랍니다. 미국이 제2차 세계 대전의 일부인 태평양 전쟁에
서 일본을 물리침으로써 우리나라의 해방에 결정적인 역할을 한

것도 사실이지만, 러일 전쟁에서 일본을 도움으로써 우리나라가 일본에 강점되는 데 기여한 것도 부정할 수 없습니다. 어쨌든 우리는 또 하나의 진실을 알게 되었습니다. 그것은 온 세상이 역사로 가득 차 있고 인형 하나에도 역사가 숨어 있다는 사실입니다.

2장

역사가
나를
만들었다고?

7

통통한 몸매를 부러워한다고?

2016년 8월 '오마이걸'이라는 걸그룹의 한 멤버가 거식증으로 팀에서 탈퇴한 일이 있었습니다. 거식증은 음식을 먹는 것을 거부하거나 두려워하는 병적 증상을 말해요. 그 멤버의 키가 159cm였고, 38kg까지 체중이 줄어들어서 가수 활동을 그만두었다고 하네요.

인류가 날씬한 몸을 아름답다고 생각하게 된 것은 얼마 되지 않습니다. 1909년 오스트리아 다뉴브 강가의 빌렌도르프에서 발견된 구석기 시대의 여인 조각상을 보면 요즘 기준으로는 전혀 아름답지 않은 몸매를 지니고 있습니다.

사람이 지구에서 살아온 대부분의 세월 동안 인류의 꿈은 날씬한 몸이 아니라 통통한 몸이었습니다. 먹을 것이 부족하던 시절에 맘껏 먹을 수 있는 사람들은 돈이 아주 많은 부자들뿐이었지요. 부자들은 먹고 또 먹어 살을 찌웠고, 가난한 사람들은 뚱뚱한 부자들이 부러웠어요. 당연히 뚱뚱함이 아름다움이었고, 누구나 뚱뚱한 사람이 되고 싶어 했습니다. 우리나라도 조선 시대는 말할 것도 없고, 1980년대까지만 해도 대표적인 미인들의 모습은 요즘 기준으로 그렇게 날씬한 편이 아니었습니다.

그렇다면 요즘 시대에는 모두가 날씬해지기를 원할까요? 서구의 영향을 강하게 받는 우리는 전 세계 사람들이 날씬하다 못해 비쩍 마른 몸을 선호할 것이라 생각하지만, 실제로는 그렇지 않아요. 한 인류학자가 관찰한 이야기인데, 아프리카 여성이 몸무게를

잴 때 옷을 잔뜩 껴입은 채로 숄까지 두르고 슬리퍼도 신은 채 체중계에 올라서더래요. 살이 빠졌을까 봐 걱정하면서요. 어떤 지역에서는 결혼을 앞둔 신부가 살을 찌우려고 토할 때까지 계속 먹는 일도 종종 있다고 해요.

다시 통통한 몸매가 유행이 될 수도 있다고?

이렇듯 미의 기준은 시대별, 지역별로 다릅니다. 그렇다면 삐쩍 마른 몸매를 원하는 미적 기준은 누가 세웠을까요? 누군가가 아름다움에 대한 생각을 강요하는 것 같지 않나요?

우리는 할리우드 영화를 보면서 알게 모르게 영화 내용에 전염됩니다. 백인은 정의롭고 멋진 주인공으로 나오고, 흑인은 무자비한 악당으로 나오는 영화를 반복해서 보게 되면 흑인에 대한 잘못된 편견을 갖게 돼요. 유대인은 핍박받는 민족으로, 이슬람교도는 테러리스트로 묘사되는 영화를 자꾸 보면 이스라엘은 착하고, 팔레스타인은 나쁘다는 아주 잘못된 생각을 갖게 돼요. 물론 우리나라 영화도 마찬가지예요. 미군은 우리를 돕는 착한 군인으로 묘사하고, 베트콩은 민간인을 죽이는 악당처럼 묘사하면 우리도 그렇게 믿어 버려요. 결국 베트남 전쟁에 대해 잘못된 생각을 갖게 돼요.

요즘엔 거의 모든 영화와 드라마에서 깡마른 몸매의 여주인공이 등장해요. 그걸 반복해서 보면 마른 몸매만 아름답다는 생각을 갖게 돼요. 뚱뚱한 여자가 비웃음거리가 되는 프로를 반복해서 보면 뚱뚱한 사람은 비웃어도 된다고 생각하게 돼요. 우리의 생각을 매스컴이 조종하는 거지요.

오늘날 날씬한 몸에 대한 선호는 비정상적인 측면이 많습니다. 여자아이들이 갖고 노는 바비 인형이나 청소년들이 선망하는 연예인들의 지나치게 마른 몸은 상품을 더 많이 팔기 위한 전략입니다. 사람들이 날씬한 몸매를 좋아하니까 경쟁적으로 더 날씬한 몸매의 상품을 광고하는 것이죠. 그런데 우리보다 더 먼저 잘 먹어서 더 먼저 날씬한 몸에 대한 열풍이 불었던 프랑스에서는 말라깽이 모델은 패션쇼에 나설 수 없다는 법안을 통과시켰어요.

날씬한 몸이 아름답다는 생각은 특정한 시대의 가치 기준이 만들어 낸 생각에 불과합니다. 마른 몸을 선호하는 현상도 한순간의 유행에 불과할지도 모르지요. 삐쩍 마른 몸매를 선호하는 유행도 조만간 끝나고 오히려 건강미가 넘치는 몸매가 유행할 날이 다가올 수도 있답니다.

8

나더러 치마를 입으라고?

이 책을 읽고 있는 남학생들에게 질문 하나 할게요. 내일 학교 갈 때 반드시 치마를 입고 가야 하는 상황이라면 어떻게 할 건가요? ① 예쁘게 입고 기쁜 마음으로 등교한다. ② 고민은 하겠지만 어쩔 수 없는 상황이므로 어쨌든 입고 등교한다. ③ 그 꼴로 학교에 가면 놀림감이 될 것이므로 차라리 결석을 하겠다. 어느 쪽인가요?

아마도 ①번을 답한 남학생은 별로 없을 것 같네요. 우리 반 남학생 17명에게 이 질문을 했더니 한 명 빼고는 ③번을 선택했습니다. 그런데 치마는 왜 여자들만 입어야 하는 건가요?

치마는 본래 여자들만 입는 옷이 아니었습니다. 고대 그리스인의 복장을 보면 주로 두 장의 넓은 천을 두르고 다니는 키톤이라는 옷이 일반적이었어요. 이 옷은 긴 원피스 형식의 여성 복장으로 계승되었지요. 그리스 남자들이 입던 푸스타넬라는 그야말로 치마입니다. 남녀 공용인 키톤보다 요즘 기준으로 보면 더 여자들이 입는 치마 형태로 되어 있지요. 고대 그리스에서는 다들 치마를 입고 살았던 셈입니다.

그리스 문화를 계승한 로마에서도 마찬가지였습니다. 로마의 복장을 살펴보면 가장 용맹스러워야 할 군인들조차도 치마를 입고 있습니다.

고대 중국인들의 복장도 그리스인이나 로마인과 비슷해서 남자들도 긴 천으로 된 도포와 비슷한 옷을 입고 다녔습니다. 서양 문화의 원류는 그리스고 동양 문화의 중심지는 중국이므로,

푸스타넬라   키톤

바지는 문명인들의 옷이 아니었던 것입니다. 오히려 바지는 남녀를 구별하는 복장이 아니라 농경 민족과 유목 민족을 구별하는 복장이었어요. 유목민들은 말을 탄 채 소나 양과 같은 동물을 몰고 다녀야 했기 때문에 간편한 바지를 입었던 것이지요.

서양인들이 바지를 입기 시작한 것은 로마 제국 때부터였습니다. 로마 제국이 팽창하던 시기에 최대 위협 중의 하나는 바로 켈트족이었습니다. 켈트족은 원래 프랑스 남부 지방에 살던 유목 민족이었고, 바지를 입고 생활했습니다. 로마의 장군 카이사르의 부대가 갈리아를 정복하면서 이들의 바지 문화와 접촉하게 되었고, 병사들이 하나둘씩 바지를 입기 시작하면서 바지는 군인들을 위한 옷이 되었습니다.

중국인들도 바지를 입게 된 것은 유목민들과 접촉하면서부터입니다. 중국의 전국 시대는 일곱 개의 제후국이 끊임없이 전쟁을 벌이던 시절이었습니다. 일곱 개의 나라 가운데 하나인 조나라는 가장 북쪽에 위치하다 보니 늘 유목 민족과 전쟁을 치렀지요. 당시에 중국인들은 소매가 길고 통이 넓으면서도 길게 늘어지는 치마 같은 옷을 입었기 때문에 전투에 매우 불리했어요. 바지를 입고 날쌔게 말을 타고 다니며 화살을 날리는 흉노족과 같은 유목 민족을 대적하는 것이 매우 힘들었습니다.

그래서 조나라의 무령왕은 군인들에게 바지를 입으라는 명령을 내립니다. 수많은 사람들이 '오랑캐의 복장'이라며 반대했지만 결국 바지는 조나라 군대의 복장이 되었고 이것이 다른 나라에도 퍼져 나가게 됩니다. 이처럼 바지는 서양이고 동양이고 간에 자신들이 야만인이라 생각했던 유목민의 복장을 배워 와서 입은 전투복이었습니다.

음, 남자도 치마를 입었군

본래 치마는 남녀 공용이었던 것이 역사의 특정한 상황 속에서 그 의미가 바뀐 것이죠. 어떻게 보면 여성과 남성의 옷차림을 구별하는 것 자체가 편견일 수 있습니다. 이제는 그런 편견에서 조금 자유로워질 수 있지 않을까요?

9

다리 짧은 것이 자랑인 시절이 있었다고?

"다리가 짧아야 양반이다"라고 주장하던 분이 있었습니다. 바로 선생님의 할아버지입니다. 실제로 할아버지는 당신의 다리가 짧은 것을 자랑스럽게 생각하셨습니다. 양반이라는 증거라고 여기시면서 말이죠.

선생님의 할아버지는 키는 큰데 다리는 짧은 신체 구조를 갖고 계셨습니다. 그런데 큰 키를 자랑한 적은 한 번도 없는데 다리가 짧은 것은 여러 번 자랑하셨습니다. 아마도 우리 집안이 양반 집안임을 강조하고 싶으셨던 것이죠. 선생님의 할아버지는 왜 다리가 짧아야 양반이라고 주장하셨을까요?

양반은 농사일을 하지 않고 앉아서 책만 읽으므로 다리가 잘 자라지 않고, 결국 짧은 다리를 갖게 된다는 것입니다. 일종의 진화론적인 주장이라고나 할까요? 신체를 자주 사용하면 그 기관이 더 발달되고, 그러지 못한 기관은 퇴화된다는 용불용설을 들어 봤나요? 기린이 높은 곳에 있는 나뭇잎을 먹으려고 하다 보니 점점 목이 길어졌다는 거죠. 어쨌든 양반이 사회를 지배하던 시절에는 키가 크거나 다리가 긴 것이 요즘처럼 자랑거리가 되는 것은 아니었나 봅니다.

그렇다면 큰 키와 긴 다리에 대한 선망이 생긴 것은 언제부터였을까요? 그것은 서양인들과 접촉한 이후에 생긴 현상으로 봐야 합니다. 처음 서양인을 만난 조선인들은 그저 신기하게 생긴 사람 정도로 생각했습니다. 그러다가 그들이 침략자라는 사실을 알게 되자 서양인들을 혐오하기 시작합니다. 우리나라에서 행실이 불량한 사람을 '양아치'라고 하는데, 양아치란 서양을 뜻하는 '양' 과 무엇 무엇을 하는 사람이라는 뜻의 '아치'가 결합한 단어입니다. 서양인들의 횡포와 폭력을 경험한 개화기의 조선인들이 만들어 낸 단어이지요.

양반은 앉아서 책만 읽어 다리가 짧았다고?

그러다가 서양이 전 세계의 실질적인 지배자라는 사실을 깨닫고 그들을 닮고 싶은 욕망이 생기게 됩니다. 서양인들의 모든 것을 닮고 싶어진 것이지요. 그런 과정에서 조선인들은 자신의 모습에 열등감을 느끼고 서양인의 용모를 아름답다고 생각하게 됩니다.

그 시절뿐 아니라 오늘날도 마찬가지입니다. 한국인들이 아름답다고 생각하는 모습은 모두 서양인의 모습과 닮았습니다. 큰 키와 긴 다리를 '우월한 기럭지'로 표현하는 것을 들어 보았나요? 쌍꺼풀이 있는 큰 눈, 높은 코 등 한국인들이 성형을 하려는 모습은 바로 서양인의 모습입니다. 그러니까 우리는 과거 '다리가 짧아야 양반'이라고 생각하던 시대를 지나 서양인처럼 보이고 싶어 애쓰는 시대를 살고 있습니다.

그렇다면 만약 서양인들이 세계를 지배하지 않았다면 어땠을까요? 그래도 서양인의 모습을 닮으려 했을까요? 우리가 아름답다고 생각하는 신체는 서양인들이 세계 질서를 주도한 이후에 생겨난 지극히 역사적인 생각입니다. 역사적인 생각이라는 것은 역사가 다른 방향으로 흘러가면 또 변하게 될 생각이라는 것이지요. 다시 말해 큰 키와 긴 다리에 대한 선망은 역사적이고 일시적인 편견일 뿐입니다. 그런 차원에서 본다면 키 크고 다리 긴 사람을 너무 부러워할 필요는 없지 않을까요?

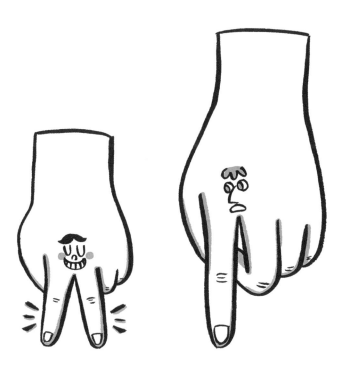

10

할아버지는 왜 대갑이라고 이름 지었을까?

선생님의 이름은 김대갑입니다. 이름의 느낌이 어떤가요? 좋게 말해 독특하고, 솔직하게 말하면 너무 딱딱하고 촌스럽지 않나요? 이 이름이 만들어진 지 40년이 지난 지금은 그렇게 들릴지 모르지만 당시로서는 굉장히 역사적인 이름이었습니다.

김대갑을 한자로 쓰면 金大甲입니다. 한자가 쉬워서 금방 뜻을 알 수 있겠죠? 金은 '쇠 금'인데 김씨 성을 나타내고, 大는 '큰 대', 甲은 '갑옷 갑'인데 종합해 보면 '큰 갑옷'이라는 뜻이지요. 선생님의 할아버지가 '큰 갑옷을 입는 사람이 되라'는 의미에서 지어 주신 이름입니다.

큰 갑옷을 입는 사람은 어떤 사람일까요? 바로 장군입니다. 사극을 보면 장군은 유난히 큰 갑옷을 입고 큰 칼을 차고 있지요? 선생님의 할아버지라면 '다리가 짧아야 양반'이라고 강조하셨던 그분 맞습니다. 할아버지는 양반이라는 신분을 그렇게 중시하셨던 분인데, 왜 손자에게 장수가 되라는 이름을 지어 주셨을까요?

생각해 보면 전혀 이상한 일은 아닙니다. 양반은 문반과 무반을 한꺼번에 부른 것이기 때문입니다. 따라서 장군도 양반 맞습니다. 그렇다고 해도 한 가지 의문이 더 남습니다. 글공부하는 문반도 있는데 굳이 왜 무반인 장군이 되라고 했을까요? 그 이유는 선생님이 태어난 1973년이 문반보다 무반이 출세하는 세상이었기 때문입니다.

1973년은 박정희 대통령이 집권하던 시기였습니다. 박정희는 1961년 5·16 군사 정변이라고 부르는 쿠데타를 일으켜 제2 공화국 정부를 무너뜨렸습니다. 4·19 혁명으로 이승만 독재를 물리치고 건설된 제2 공화국 정부는 시민들과 학생들의 다양한 요구를 제대로 받아들이지 못했습니다. 그럼에도 불구하고 이승만 독재 시절보다 민주화가 진전되고 있었는데 여러 군인들이 반란을 일으켰던 것입니다. 쿠데타로 권력을 잡은 박정희 군부는 '국가 재건 최고 회의'라는 조직을 만들어서 2년간 군사 정부를 이끌었고 1963년에는 국민 투표에 의해 대통령으로 당선됩니다.

당시에는 4년에 한 번 대통령 선거를 했는데, 그때마다 박정희의 지지율이 떨어졌고 1971년 세 번째 당선될 때에는 신민당 김대중 후보에게 거의 패배할 뻔합니다. 박정희는 영원히 선거에서 지지 않기로 결심하고 1972년에 '유신 헌법'을 발표합니다. 이 헌법에 의하면 대통령은 몇 번이든 할 수 있고, 대통령 선거도 전체 국민들이 하는 것이 아니라 사실상 대통령이 임명한 사람들이 선출하는 방식이었습니다. 심지어 그런 말도 안 되는 상황을 비판하는 사람들을 마음대로 잡아갈 수 있는 법도 만들었고, 국회 의

5·16 군사 정변 1961년 5월 16일 소장 박정희의 주도로 군인들이 제2 공화국을 폭력적으로 무너뜨리고 정권을 장악했다. 군의 탈법적 정치 개입의 선례를 남긴 사건이며, 이후 군사 문화가 사회로 확산되었다. 박정희는 18년 동안 독재 정치를 하여 우리나라의 민주주의를 후퇴시켰다.

원의 3분의 1을 대통령이 임명하기도 했습니다.

내 이름에는 어떤 역사적 의미가 있을까?

그렇다면 이런 어마어마한 일을 박정희 혼자서 다 할 수 있었을까요? 쿠데타를 일으킬 때부터 정부를 운영하는 일까지 중요한 직책은 군인 출신들이 독점하고 있었습니다. 1973년은 바로 군인들이 득세하는 세상이었습니다. 공부를 열심히 해서 명문대를 가는 것보다 군인이 되는 것이 출세할 가능성이 더 높아지는 것이었죠. '김대갑'이라는 이름은 바로 그런 상황 속에서 탄생했습니다.

이처럼 사람의 이름도 역사의 산물입니다. 우리 주변에는 역사적으로 형성되지 않은 것이 거의 없습니다. 심지어 내 생각과 가치관도 역사적으로 형성된 것이지요. 역사가 나를 만들었다고 말해도 그렇게 무리는 아니겠지요?

11

대통령보다
아이돌
?

'픽 미, 픽 미, 픽 미 업!'이라는 구절로 유명한 노래 'pick me(나를 선택해)' 기억하죠? 똑같은 옷을 입은 101명의 여자아이들이 이 노래를 부르는 모습을 보면서 어떤 생각이 들던가요? 선생님은 과거 시험장을 보는 기분이었습니다.

'픽 미'라는 노래는 엠넷에서 만든 음악 프로그램 〈프로듀스 101〉의 참가자들이 부른 노래입니다. 2015년 말에 발표된 후 2016년 최고 인기곡 중의 하나가 되었지요. 이 노래를 부르는 모습이 옛날에 과거 시험장에서 시험을 치르는 선비들의 모습과 비슷해 보인다고 한 이유는 그들 모두 어떤 시험에 응시하고 그 시험만 통과하면 부와 권력을 차지하게 되었기 때문입니다.

과거 시험이 출세의 지름길이 된다는 것은 그러한 시험을 관장하는 왕의 권력을 강화시키는 일입니다. 과거 시험의 과목은 유학인데, 유학의 주된 논리가 '충'과 '효'이고 충은 왕에 대한 충성을 말합니다. 따라서 왕에게 충성해야 한다는 논리로 무장된 사람만이 과거에 급제할 수 있습니다. 실제로 왕은 자신의 입맛에 맞는 사람을 합격자로 뽑았습니다. 조선 시대 과거 시험의 마지막 관문은 '책문'인데 이것은 왕의 질문에 답하는 일종의 면접이었습니다. 따라서 과거제가 중요한 제도가 되고 조선의 젊은이들이 너도나도 과거 시험에 매달리게 되면 그만큼 왕에 대한 충성심이 커지고 왕권은 강화되는 것이지요.

이러한 현상은 오디션 프로그램이 유행하는 과정에서도 나타납니다. 오디션 프로그램은 노래를 부르는 모습만 보여 주는 것이 아니라 여러 가지 어려움을 이겨 내고 성공하는 감동적인 드라마를 보여 주기도 합니다. 하지만 오디션 프로그램은 소수의 스타를 발굴하기 위한 것입니다. 대부분의 탈락자들은 패배자일 뿐입니다. 그래서 그렇게도 나를 뽑아 달라고 외쳐야 하는 것입니다.

그렇다면 어떤 사람이 선택될까요? 바로 '스타성'이 있는 사람입니다. 한마디로 시장에서 잘 팔릴 만한 사람이 선택되겠지요. 그렇다면 조선 시대의 과거 시험에서 왕이 했던 역할을 오늘날에는 '시장'이 하고 있는 것입니다. 오늘날 시장은 새로운 왕인 셈이죠.

다시 말해 아이돌이 되려면 시장의 선택을 받아야 합니다. 시장에서의 자유로운 선택을 보장받는 사회를 '자본주의 사회'라고 합니다. 자본주의는 자본이 지배하는 경제 체제인데, 자본이란 어떤 사업을 하기 위한 밑천으로 그것을 투자해서 이윤을 낼 수 있는 재산을 말합니다. 자본주의 사회에서는 이런 자본을 많이 소유할수록 유리하고 그것을 소유하지 못한 사람은 자본을 소유한 사람에게 자신의 노동력을 판매하고 그에 대한 대가로 월급을 받게 됩니다. 한국 사회는 자본주의 사회이기 때문에 인기 있는 직업이란 시장에서 좋은 대접을 받는 직업을 말합니다. 그래서 조선 시대에는 왕의 눈에 들어 출세하기 위해 과거 시험에 열중했던 것이고, 오늘날에는 시장에서 좋은 평가를 받는 연예인이 되기 위해 많은 10대들이 노력하고 있는 것입니다.

내 꿈도 역사적 상황에 따라 달라지는군

그런데 선생님이 어렸을 때는 장래 희망으로 연예인보다는 대통령이 인기가 있었습니다. 그때는 자본주의 사회가 아니었을까요? 그때도 마찬가지로 시장이 중시되는 자본주의 사회였습니다. 하지만 당시는 꾸준히 경제가 성장하는 시기였습니다. 비록 군사 독재 시절이어서 정치적으로 자유가 없었지만 경제는 꾸준히 성장하고 있었기 때문에 노력만 하면 성공할 수 있다는 희망이 있었습니다. 그래서 당시의 어린이들은 대통령과 같은 '원대한' 꿈을 꿀 수 있었던 것입니다.

하지만 성장의 정체기인 오늘날에는 어린이들과 10대 청소년들의 꿈은 보다 더 현실적으로 변해 갑니다. 고등학생 때부터 공무원 시험을 준비하고 그나마 출세하려면 오디션을 통과해서 연예인이 되는 것이 꿈이 되기도 합니다. 이처럼 꿈 많은 10대들의 장래 희망도 역사적 상황에 따라 좌우됩니다.

12

한국인은 왜 스팸을 좋아할까?

한국인이 사랑하는 음식에 관한 질문입니다. 알아맞혀 보세요. 주재료인 돼지고기 어깨살을 물과 감자 전분을 넣고 갈아 만드는 음식으로 소금과 설탕, 결합제와 아질산 나트륨 등의 화학 첨가물을 버무려 통조림에 넣어 판매하는 음식은 무엇일까요?

답은 햄의 대명사인 스팸입니다. 세계에서 스팸을 가장 많이 소비하는 나라는 원산지인 미국이고 두 번째는 한국입니다. 우리나라가 스팸의 소비량이 세계 2위라니 놀랍죠? 그리고 일본, 필리핀 등지에서도 스팸이 인기입니다.

미국의 경우 하와이에서 스팸을 집중적으로 소비합니다. 하와이는 독립국이었던 하와이 왕국을 미국이 정복해서 미국의 50번째 주가 된 섬입니다. 1941년 12월 일본군이 하와이 진주만에 주둔한 미군을 기습 공격해서 태평양 전쟁이 시작됐다는 이야기를 들어봤지요?

일본의 경우 오키나와에서 스팸을 집중적으로 소비합니다. 오키나와도 과거 류큐 왕국이라는 독립 국가였는데 일본이 150년 전쯤 정복해서 일본 최남단의 영토가 된 지역입니다. 이 지역은 태평양 전쟁 때 미군이 점령해서 일본 본토 상륙을 준비하던 곳입니다. 현재 일본에 주둔하고 있는 미군의 대부분이 오키나와섬에 있습니다.

그리고 필리핀은 1898년부터 1946년까지 미국의 식민지였

하와이 스팸으로 만든 주먹밥인 스팸 무스비는 하와이의 대표 음식으로 하와이에서는 매년 약 700만 캔의 스팸이 소비된다. 해마다 4월이면 하와이 와이키키에서는 스팸 축제가 열린다. 레스토랑들마다 부스를 설치해 다양한 스팸 요리를 판매한다. 또 스팸 로고가 새겨진 티셔츠와 농구공, 인형 등 다양한 소품을 쉽게 구입할 수 있다.

던 곳이지요.

그렇다면 스팸이 유행하는 지역은 본토인 미국을 제외하면 모두 미군의 점령지라는 공통점을 갖고 있네요. 그뿐 아니라 하와이, 일본의 오키나와, 한국에는 여전히 미군이 주둔하고 있어요. 필리핀에 주둔하던 미군은 1992년 완전히 철수했는데, 최근 중국의 팽창을 견제하기 위해 필리핀 정부가 미국에게 다시 군사 기지를 제공하겠다고 제안했답니다.

스팸과 미군의 상관관계가 높은 이유는 스팸이 미군들의 식량이기 때문입니다. 그 영향을 받아 미군 주둔 지역에서 스팸이 유행하는 것이지요. 먹을 것이 많은 요즘에는 햄 통조림 말고도 다양한 고기를 먹을 수 있지만 지금으로부터 70여 년 전에는 워낙 굶주리던 시절이라 미군 부대에서 흘러나온 스팸은 그야말로 환상적인 맛이었던 것입니다. 한국의 경우 당시에 스팸을 먹을 수 있었던 사람은 그나마 미군들과 연줄이 닿아 있어서 행세깨나 할 수 있었던 사람이었습니다.

내가 스팸을 좋아하는 건 한국에 주둔한 미군 부대 때문일까?

한국에서 스팸은 '부대찌개'라는 요리로 재탄생되었어요. 부대찌개는 스팸 등 각종 햄과 소시지를 김치, 고추장과 함께 끓인 음식이에요. 미군 부대에서 흘러나온 햄이 들어가는 음식이기 때문에 미군 부대 근처에서 만들어졌고, 그러다 보니 부대찌개라는 명칭을 얻게 되었지요.

'양념한(spiced)'과 '햄(ham)'의 합성어인 스팸(SPAM)은 지나치게 많은 지방과 각종 유해한 화학 첨가물 때문에 점점 '질이 좋지 않은 음식'이라는 의미의 '정크 푸드' 취급을 받고 있습니다. 그런데 한국인들은 명절 선물로 스팸 선물 세트를 주고받을 정도로 스팸을 아직도 좋아하지요. 우리나라가 한때 미군이 점령했던 지역이었기 때문에 생겨난 일입니다. 우리의 입맛도 역사적으로 선택된 것이지요.

역사적으로 선택됐지만 자신의 의지로 선택 혹은 거부할 수도 있을 것입니다. 역사적으로 형성되었다고 해서 모든 것이 정당화되는 것은 아니겠지요? 우리의 건강에 해가 된다면 거부해야 할 거예요. 음식뿐 아니라 다른 것도 마찬가지가 아닐까요? 그러기 위해서는 왜 우리가 그런 생각과 행동을 하고 그런 사회 구조

속에서 살고 있는지에 대한 고민, 다시 말해 역사적 형성 과정에

대한 고민이 필요합니다.

3장

역사란
무엇일까
?

13

역사는 암기 과목일까, 탐구 과목일까?

역사가 암기 과목이라고요? 모든 과목이 그렇지만 역사도 암기가 필요합니다. 하지만 암기만 해서는 역사를 잘 이해할 수 없습니다. 역사는 탐구 과목이기 때문입니다. 역사라는 단어 자체가 '탐구하다'라는 의미를 갖고 있거든요.

역사를 뜻하는 영어 단어인 '히스토리(history)'는 고대 그리스어 '히스토리아(historia)'에서 나온 말입니다. 고대 그리스인들은 지혜 있는 사람을 '히스토르(histor)'라고 불렀는데, 이 말은 '찾아서 안다'라는 뜻의 '히스토리오(historio)'에서 나온 것입니다. 역사를 뜻하는 '히스토리아(historia)'노 여기서 나왔고 '탐구하여 알아내다'라는 의미로 사용되었습니다. 다시 말해 지혜로운 사람이란 그저 지식을 많이 알고 있는 사람이 아니라 지식을 끊임없이 탐구해서 알아내는 사람을 의미했고, 역사라는 학문의 가장 중요한 속성이 '탐구'라고 생각했던 것입니다.

서양 최초의 역사책이 무엇인지 아나요? 고대 그리스의 학자 헤로도토스가 기원전 425년 무렵에 쓴 『역사(Historia)』입니다. 이 책은 주로 그리스와 페르시아 제국 사이의 전쟁을 다루었지만 자신이 직접 여행한 여러 지역의 문화와 역사에 대해서도 자세히 다루었습니다. 헤로도토스가 쓴 책도 '역사 즉 탐구(historia)'이고 자신이 직접 탐구한 내용을 그 안에 기록했던 것입니다. 로마의 대학자 키케로는 헤로도토스를 '역사의 아버지'라 불렀습니다.

이렇듯 역사는 그 자체가 탐구입니다. 그 말은 역사라는 용어도 탐구이고, 역사를 서술하기 위해서도 탐구를 해야 하지만 그렇게 서술된 내용을 학습하기 위해서도 탐구를 해야 한다는 뜻입니다. 그렇다면 역사 공부를 하면서 탐구를 한다는 것이 어떤 의미일까요?

금방 까먹는 암기 기억에 남는 탐구

역사 교과서에서 반드시 배우는 내용 중의 하나가 '문명의 발생'이라는 단원입니다. 청동기 시대에 접어들면서 문명이 발생하는데 교과서에서는 '도시가 건설되고, 계급, 문자, 종교 등이 출현하면서 문명이 발생한다'는 식으로 간략하게 서술되어 있습니다. 그러면 학생들은 일반적으로 '문명은 도시, 계급, 문자, 종교' 식으로 암기를 합니다. 하지만 역사를 제대로 공부하려면 문명을 구성하고 있는 각각의 요소들이 서로 어떤 관계를 맺고 있는지 이해하려 노력해야 합니다. 다시 말해 각각의 요소 중 다른 요소들을 설명할 수 있는 실마리가 되는 개념은 무엇이고 그것은 다른 개념들과 어떻게 관련되어 있는지를 고민해야 하지요. 그러다 보면 '계급'이 가장 중요한 실마리임을 알 수 있답니다.

먼저 문명은 영어로 '시빌리제이션(civilization)'인데 도시를 뜻하는 라틴어 '키빌리타스(civilitas)'에서 유래합니다. 그렇게 본다면 도시가 문명을 구성하는 가장 중요한 요소처럼 보입니다. 그런데 도시는 어떤 곳일까요? 바로 지배층과 그의 부하들이 사는 곳입니다. 피지배층인 농민들은 도시 주변의 농촌에서 농사를 짓고 살게 됩니다. 따라서 도시가 건설된다는 것은 그 사회가 확고한 계급 사회가 되었음을 말합니다.

계급이란 지배층과 피지배층을 나누는 것을 말하는데, 문자도 계급 사회와 관련이 있어서 최초의 문자 기록은 세금이나 신화에 관련된 내용입니다. 세금은 지배층이 피지배층에게 걷는 것이고, 신화는 단군 신화의 사례에서도 발견되듯 대개 지배층이 자신들과 신(들)이 어떤 관계인지를 말해 주는 내용입니다. 또한 종교는 지배를 위한 도구였고, 청동기는 지배층이 정복 활동을 하는 데 필요한 무기나 종교 활동을 위한 제기로 활용되었습니다. 이런 식으로 이해하게 된다면 단순하게 암기한 지식보다 그 기억이 훨씬 더 오래 갈 것입니다.

14

바위도
사료가
될 수 있을까?

사료란 역사 연구에 필요한 자료를 말합니다. 그런데 사료 중에는 바위도 있습니다. 대한민국 국보 147호와 285호는 바위입니다. 엄밀히 말하면 바위에 새겨진 그림이지요. 대체 어떤 그림이기에 국보가 되었을까요?

국보 147호는 '천전리 각석'이고 국보 285호는 '반구대 암각화'입니다. 둘 다 울산광역시 울주군에 있지요. 두 가지 유적 모두 신석기 시대부터 통일 신라 시대 사이에 제작되었다고 합니다. 이들 바위에는 사람과 동물뿐 아니라 마름모나 동심원 등의 기하학 무늬가 새겨져 있고, 천전리 각석에는 신라인들의 글도 새겨져 있습니다.

우리는 이런 자료를 통해 선사 시대와 삼국 시대 사람들의 생활 모습을 알 수 있습니다. 어떤 동물을 사냥했고 어떻게 농사를 짓고 살았는지 등에 대해서 말이죠. 그리고 사냥과 농사가 잘 되어 풍요로운 삶을 누리고 싶어 하던 당시 사람들의 마음도 읽을 수 있습니다.

특히 반구대 암각화에는 고래가 많이 그려져 있는데 이것은 세계 최초로 인류가 고래잡이를 한 기록이라고 합니다. 배를 타고 고래를 잡는 모습부터, 작살 맞은 고래나 새끼를 데리고 다니는 고래까지 매우 다양하고 재미있게 그려져 있습니다. 그래서 많은 전문가들은 반구대 암각화와 천전리 각석을 우리 민족의 기원과 문화를 알려 주는 유산일 뿐만 아니라 전 세계적으로도 희귀한 가치가 있는 주요 문화유산으로 인정하고 있습니다.

우리는 이러한 자료들을 통해 과거 한반도에 살았던 사람들의 모습을 알 수 있고 역사학자들은 이러한 자료를 탐구해서 역사책을 쓰게 됩니다. 이처럼 역사를 서술하는 재료가 되는 것을 '역사의 재료'라는 의미에서 '사료'라 합니다.

대개 사료는 글로 되어 있습니다. 본래 역사학은 글로 기록된 시대 이후를 다룹니다. '선사 시대'라는 말은 '역사 이전 시대'라는 뜻으로 글로 기록되기 이전 시대이고, 이후의 시대를 역사 시대라고 합니다. 그래서 선사 시대를 탐구하는 학문은 고고학이라 하고 글 대신에 집터나 도자기 조각 등의 유적, 유물을 통해 과거 사람들의 생활을 탐구하게 됩니다.

하지만 글로 기록된 시대에 대한 연구를 하는 과정에도 글 이외의 다양한 사료가 동원됩니다. 글로 기록된 자료와 그 외의 자료는 서로를 보완해 주는 역할을 하게 되지요. 사마천의 『사기』라는 역사책을 들어 보았나요? 그 책은 헤로도토스의 『역사』와 비교할 만한, 아니 어떤 면에서는 그것을 능가하는 중요한 역사책입니다. 여기에 '진시황이 자신의 무덤에 근위병 3천 명의 인형을 묻

사마천 사마천은 중국 최고의 역사가로 칭송되며 역사책 『사기』의 저자이다. 흉노의 포위 속에서 부득이하게 투항한 이릉 장군을 변호하다가 황제인 무제의 노여움을 사서 수치스러운 궁형(생식기를 제거하는 형벌)을 받았다. 그럼에도 끝내 살아남아 옥중에서도 저술을 계속하였고 마침내 기원전 91년에 『사기』를 완성했다.

었다'라는 이야기가 기록되어 있습니다. 그런데 기원전 2세기에 쓰인 이 글은 1974년 시안시 근처에서 병마용갱이 발견됨으로써 정확하게 입증되었습니다. 병마용갱은 사람과 말 모양의 진흙 인형을 묻어 놓은 갱도라는 뜻입니다. 병마용갱이라는 유적의 발견을 통해 『사기』의 정확성과 신빙성이 더 높아진 셈입니다. 이처럼 역사학자들은 다양한 사료를 통해 역사를 탐구하고 그 결과를 책으로 서술하게 됩니다.

사진도 일기도 낙서도 사료가 될 수 있대

앞서 살펴본 반구대 암각화의 그림들은 얼핏 보면 낙서처럼 보입니다. 이런 그림이 새겨진 뒤 7000년 뒤의 현대인들은 이들 그림이 종교 행사가 열리는 신성한 장소에 그려진 그림이라고 해석을 합니다. 그런데 그 그림들 중 몇몇은 그야말로 낙서였을지도 모르지만 오늘날에는 중요한 사료의 가치를 갖게 된 것입니다. 그렇게 본다면 우리들이 일상적으로 남기는 자료들도 사료가 될 수 있습니다. 여러분이 찍어 놓은 스마트폰 사진들, SNS나 블로그에 게시한 글과 사진, 심지어 심심해서 교과서에 끄적거린 낙서들도 사료가 될 수 있습니다. 일기장이라면 매우 훌륭한 사료가 될 수 있고요.

『안네의 일기』라는 책을 읽어 보았나요?『안네의 일기』는 안네 프랑크라는 유대인 소녀가 제2차 세계 대전 당시 독일군에 점령당한 네덜란드의 암스테르담에 2년간 숨어 살면서 적은 일기를 출판한 책입니다. 이 책은 10대 소녀의 일기를 바탕으로 하고 있지만 제2차 세계 대전 당시의 유대인들의 생활과 나치의 만행에 대해 증명하는 중요한 사료로 인정받고 있습니다. 그런 의미에서 본다면 우리도 펜과 스마트폰으로 매일 역사를 쓰고 있는 것인지도 모릅니다.

15

삼천 궁녀 이야기는 사실일까?

삼천, 오천, 그리고 백제. 이 세 가지 단어를 들으면 무엇이 떠오르나요? 눈치 빠른 학생이라면 의자왕과 삼천 궁녀, 계백과 오천 결사대, 그리고 백제의 멸망이 떠오를 것입니다. 그런데 기나긴 역사와 화려한 문화를 자랑하는 백제의 역사가 삼천과 오천이라는 숫자로 간단하게 표현되는 이유는 무엇일까요?

백제는 고구려에서 내려온 온조를 중심으로 하는 이주민 집단이 십제를 건국한 이래 신라와 당나라의 연합군에게 멸망당할 때까지 거의 700년 동안 존재했던 나라입니다. 그런데 생각해 보면 우리가 백제에 대해 알고 있는 사실이 별로 없습니다. 아마 백제에 관한 일반적인 지식 중 가장 유명한 것은 의자왕의 삼천 궁녀 이야기와 계백의 오천 결사대 이야기일 것입니다.

신라와 당나라의 연합군에 의해 백제의 마지막 수도인 사비성이 함락되자 의자왕의 궁녀 삼천 명이 침략자들을 피해 다니다가 결국 낙화암에서 당시에 백마강이라 불렸던 금강에 뛰어들어 죽었다는 이야기가 삼천 궁녀 이야기입니다. 그리고 나당 연합군에 맞서 황산벌에서 오천 결사대를 이끌고 용감하게 싸우다 전사한 계백 이야기가 있습니다.

그런데 왜 이 두 가지 이야기가 유명해졌을까요? 먼저 삼천 궁녀 이야기는 허구일 가능성이 높습니다. 일단 낙화암이 있는 금강 물줄기가 도저히 삼천 명이 빠져 죽을 만한 규모가 아닙니다. 게다가 사비성에 있는 백제 궁궐터의 규모를 보면 삼천 명의 궁녀를 수용할 수 있는 면적이 절대 아니었습니다. 그럼에도 불구하고 삼천 궁녀가 상식처럼 기억되는 이유는 무엇일까요? 역사는 승자 위주로 기록되기 때문입니다.

삼국 시대 세 나라 간의 경쟁에서 최후의 승리자는 신라였습니다. 따라서 패배한 백제는 패배했다는 사실에 초점이 맞추어지고 그런 시각이 담긴 역사 해석만 남게 됩니다. 이를테면 삼천 궁녀 이야기는 '백제의 의자왕이 삼천 명이나 되는 궁녀를 둘 정도로 정치를 제대로 하지 않고 방탕한 생활을 하다 보니 백제가 당연히 멸망당하지 않겠느냐'라는 논리가 스며들어 있다는 것이지요. 실제로 삼천 궁녀에 대한 언급은 조선 시대 이전에는 그 어느 기록에도 나오지 않습니다.

역사는 승자의 기록이라면 어디까지 믿어야 할까?

의자왕과 궁녀들에 대한 최초의 기록은 『삼국유사』인데 여기서는 '여러 후궁들이 강에 뛰어들어 죽었다'라고만 나오고, 고려 시대의 역사책인 『동사강목』에도 비슷한 기록이 나옵니다. 그런데 조선 초기 문신인 김흔의 「낙화암」이라는 시에서 처음으로 '삼천 명'에 대한 언급이 나옵니다. 조선 시대는 왕도 정치를 강조하는 유교 정치 이념이 일반화된 사회였기 때문에 김흔은 의자왕이 임금 노릇을 제대로 못해서 그런 일이 생겼다는 입장에서 궁녀의 숫자를 삼천으로 과장했을 가능성이 있습니다.

한편 계백의 오천 결사대 이야기는 삼천 궁녀 이야기와 묘한 비교가 되는 이야기입니다. 왜냐하면 고려 시대의 역사서인『삼국사기』나 조선 시대 학자들의 평가에 의하면 계백은 멸망해 가는 조국을 끝까지 지키려고 자신의 목숨을 내놓은 충신이기 때문입니다. 역시나 유교 통치 이념에 입각한 해석이라 할 수 있습니다.

역사 기록을 보면 승리자에 대한 기록이 압도적으로 많고 패배자에 대한 기록은 적으며 주로 멸망 과정 위주로 서술하는 경우가 많습니다. 역사의 패배자들은 사료만 사라지는 것이 아니라 사람 자체가 사라집니다. 우리나라 성씨 중 가장 많은 성씨에 속하는 김해 김씨와 경주 김씨는 모두 승자들의 성씨입니다. 경주 김씨는 신라의 왕족이고, 김해 김씨는 원래 가야의 왕족이지만 신라에게 항복한 뒤 신라의 귀족이 된 성씨입니다.

그렇다면 백제의 왕족과 귀족들의 성씨는 무엇이

었을까요? 원래 백제의 왕족은 고씨입니다. 고주몽의 아들 온조가 십제를 세운 것을 보면 알 수 있지요. 그러다가 자신들이 부여의 후예임을 나타내기 위해 백제의 성왕이 나라 이름을 남부여로 바꿨고, 성도 부여씨라고 불렀습니다. 한편 백제의 귀족 성은 진씨, 목씨, 사씨 등이 있었습니다. 그런데 백제가 신라에게 멸망당하다 보니 그 성씨를 가진 사람이 대부분 사라졌던 것입니다. 신라군에 의해 살해당한 사람들도 많았겠지만 그들을 피해 자신의 성을 버리고 안전한 김씨 등으로 바꾼 사람도 많았겠지요. 그런 상황이었으니 백제의 후예들이 자신의 역사가 멸망 과정 위주로 간단하게 축소되더라도 변명이라도 할 수 있었을까요?

지금까지 삼천 궁녀와 오천 결사대 이야기에 관한 사료를 분석함으로써 왜 그 이야기가 백제를 대표하는 역사 이야기가 되었는지를 알아봤습니다. 이러한 과정을 '사료 비판'이라고 합니다. 역사학자들은 과거의 사료를 무조건 받아들이는 것이 아니라 비판적으로 비교 검토한 후 모순이 없는 내용을 위주로 역사를 서술합니다. 그러므로 우리가 역사 공부를 할 때에도 그러한 과정을 따라해야 할 것입니다.

16

광해군은 어떤 임금이었을까?

광해군은 동생을 죽이고 어머니를 쫓아낸 폭군으로 알려져 있습니다. 하지만 오늘날에는 매우 능력 있는 왕으로 평가받고 있습니다. 왜 이렇게 다른 평가가 나오는 걸까요? 역사는 과거의 이야기이긴 하지만 끊임없이 다시 쓰이기 때문입니다.

엄밀히 말하자면 역사를 서술하는 재료인 사료는 과거의 것이 맞습니다. 하지만 그 사료를 이용해 역사를 해석하고 서술하는 것은 현재에 하는 일입니다. 그런데 분명히 과거에도 그런 과정을 거쳐 역사를 서술했습니다. 김부식이 『삼국사기』를 쓰고, 사마천이 『사기』를 썼던 과정도 과거의 사료를 비판적으로 검토한 후 당시의 입장에 따라 서술한 것이었습니다.

그런데 오늘날 『삼국사기』나 『사기』를 역사 교과서로 사용하지 않는 이유는 무엇일까요? 과거의 역사책들을 모두 교과서로 사용하기에는 분량도 많고 과거에 쓴 책이라 이해하기 어려운 점도 있습니다. 하지만 보다 중요한 이유는 그 역사책이 당시에는 역사적인 의미가 있는 내용이었을지 몰라도 현재의 우리가 보기에는 편파적인 내용으로 해석될 수 있기 때문입니다.

예를 들어 광해군에 대한 역사적 평가를 알아보겠습니다. 광해군은 조선의 15대 임금인데 연산군과 함께 '조'나 '종'으로 불리지 않고 왕자의 호칭인 '군'으로 불리는 인물입니다. 광해군이 이복동생인 영창 대군을 죽이고, 계모인 인목 왕후를 폐위시키는 등

비윤리적인 행동을 했다는 이유로 왕위에서 쫓겨났기 때문입니다. 유교 윤리의 관점에서 볼 때 광해군은 동생을 죽이고 어머니를 쫓아낸 인물이므로 왕으로 인정하지 않겠다는 것이지요.

그런데 그것은 인조반정을 일으킨 서인들의 입장이고 오늘날의 관점에서 보면 광해군은 매우 능력 있는 왕이었습니다. 임진왜란 시기에 세자의 신분으로 함경도와 전라도에서 군량미와 의병을 모집하는 등의 활동으로 민중들에게 지지와 믿음을 얻었고, 특히 명과 후금 사이의 중립 외교는 오늘날 매우 긍정적인 평가를 받고 있습니다.

폭군인줄 알았던 광해군이 능력자라니!

조선이 전통적으로 중시하던 나라는 명나라였고, 명은 임진왜란 때 조선을 도왔답니다. 그런데 신흥 강국인 후금이 명을 공격하고 명이 조선에 원병을 요청하자 조선은 고민에 빠졌어요. 우방 국가인 명의 요청을 무시할 수도, 새롭게 힘을 키우고 있는 후금에게 밉보일 수도 없는 상황이었지요. 광해군은 군대를 파병해서 명군 편에서 싸우는 척하다가 후금에게 항복하고, 후금에게는 어쩔 수 없는 사정 때문에 명의 편을 들었음을 해명하게 합니다.

그런데 당시 서인 세력은 광해군의 이런 정책이 명나라에 대한 의리를 저버리고 오랑캐 편을 들었다는 논리로 공격합니다. 하지만 오늘날에는 광해군의 외교는 실용적이고 현실적이며 지혜로운 방식이었다는 평가를 많이 받아요. 이처럼 역사에 대한 해석은 끊임없이 바뀔 수밖에 없습니다. 그러므로 역사는 늘 새롭게 쓰일 수밖에 없는 것입니다.

역사학자 크로체는 '모든 역사는 현재의 역사다'라고 하여 역사는 현재의 입장에서 쓸 수밖에 없음을 이야기합니다. 그런데 그럴 경우 역사 서술이 너무 주관적으로 되지 않을까요? 예를 들어 김씨인 사람이 어떤 책을 쓰면서 김씨만이 위대한 일을 한 것처럼 왜곡된 역사를 서술할 수도 있는 것이 아닌가요? 하지만 그런 역사책은 사람들에게 외면받게 될 것입니다. 오늘날 한국 사회의 수많은 역사학자들과 학생 및 독자들이 그런 책은 무시해 버릴 테니까요.

이런 부분을 고려하여 역사학자 카는 '역사란 역사가와 사실 사이의 상호 작용의 계속적인 과정이며, 현재와 과거 사이의 끊임없는 대화'라고 하였습니다. 역사는 과거에 발생한 사실을 지속적으로 재검토하는 과정을 통해 끊임없이 다시 쓰여야 한다는 뜻이지요.

역사를 끊임없이 다시 쓰고 새로 해석하기 위해서는 비판이 중요합니다. 앞 장에서 사료 비판에 대해 이야기했는데, 기존의 역사책은 서술이 완성되는 순간 또 하나의 사료가 됩니다. 따라서 모든 역사책은 비판의 대상이 되어야 합니다. 무비판적으로 주어진 사실을 기억하는 것이 '암기'이고 다양한 시각과 입장을 통해 비판하고 재해석하는 것이 '탐구'이기 때문입니다. 따라서 역사는 현재적 입장에 따라 사료를 비판하고 재해석함으로써 탐구하는 학문입니다. 우리가 역사를 공부할 때에도 그렇게 해야 합니다.

4장

역사를 보는
다양한 눈을
길러라!

17

역사책에는 왜 여자가 나오지 않을까?

역사책에는 여성들의 이야기는 거의 나오지 않고 남성들의 이야기만 나옵니다. 왜 그럴까요? 여성들은 아무것도 한 일이 없기 때문일까요? 세상의 절반이 여성인데, 그럴 리가 없을 텐데 말이죠.

역사책에 여성들의 이야기가 거의 나오지 않는 이유는 과거에 대부분의 여성들이 사회 활동을 하지 않았고, 역사 기록도 남성들이 했기 때문입니다.

여성들은 어려서부터 집안일을 배우다가 10대 중반이 되면 결혼을 해서 아이를 낳고 밥 짓기, 청소, 빨래하기 등의 집안일을 하면서 살았습니다. 조선 시대 양반집 여성은 그나마 어깨너머로 한글이나 한문을 배우기도 했지요. 하지만 본격적으로 서당이나 향교, 서원 등에서 제대로 학문을 하는 경우는 없었답니다. 그러다 보니 관직은 말할 것도 없고 역사에 기록될 만한 일을 할 기회가 별로 없었습니다.

하지만 아무리 그래도 역사책에 실린 여성의 비중은 너무나 적습니다. 그 이유는 앞서 배운 것처럼 '모든 역사는 현재의 역사'이기 때문입니다. 역사에 기록될 만한 활동을 한 여성일지라도 기록을 담당하는 남성들이 여성들의 활동을 적극적으로 표현하기 싫어한다면 어떻게 될까요? 그 의미를 축소하거나 아예 기록하지 않을 겁니다.

초등학교 6학년 1학기 사회 교과서에 세 명의 역사적인 여성

인물이 나옵니다. 조선 시대의 대학자 이이의 어머니로 시와 그림과 자수에 뛰어났던 신사임당, 홍 길동전을 지은 허균의 누나로 시에 뛰어났던 허난설헌, 제주도의 상민 출신으로 장사를 해서 큰돈을 모아 흉년에 수많은 사람을 구제한 김만덕입니다.

신분제 사회인 조선에서 김만덕은 평민 출신이었고, 평민 중에서도 가장 낮게 평가받았던 상업에 종사하는 사람이었습니다. 그래서 조선 시대에는 단편적인 기록으로만 남을 수밖에 없었습니다. 하지만 오늘날 신분 제도가 사라지고 여성들의 지위가 점점 향상됨에 따라 초등학생들이 배우는 교과서에 김만덕이라는 여성이 실리게 된 것입니다.

신사임당의 경우 조금 다른 의미가 있습니다. 과거에 신사임당은 '현모양처'의 표본이었습니다. '현모양처'란 '어진 어머니이면서 착한 아내'라는 뜻으로 여성은 사회 활동이나 경제 활동을 통해 능력을 발휘하는 존재라기보다 집안일과 아이를 기르는 데에 더 큰 의미를 부여해 왔습니다. 신사임당은 아들 이이를 훌륭한 학자로 키워 낸 '현모'이기도 했지만 시나 그림 등 문학과 예술 분야에서도 탁월한 작품을 많이 남긴 지식인이자 예술가였습니다.

5만 원짜리 지폐의 앞면에 신사임당의 대표작인 「초충도수병

(풀과 벌레를 그린 병풍)」에 등장하는 가지 그림이, 5천 원짜리 지폐의 뒷면에 「초충도」의 일부인 수박과 맨드라미 그림이 인쇄되어 있습니다. 우리나라 지폐 중 두 가지 지폐에 신사임당의 작품이 등장한다는 것은 이제 신사임당이 이이를 잘 키운 '현모양처'의 이미지를 넘어 '화가'로 인정받기 시작했다는 것을 보여 줍니다.

신사임당은 조선 시대 대표 화가입니다!

이런 일은 우연히 일어난 것이 아닙니다. 신사임당에 대한 기록을 끊임없이 재검토하고 재해석하는 역사 연구가 지속되었고, 무엇보다도 여성들이 신사임당에 대한 새로운 평가를 지속적으로 제기해 왔기 때문입니다.

하지만 여성의 눈으로 역사를 바라보면 아직도 갈 길이 멀다는 사실을 알 수 있습니다. 앞으로도 역사책에서 여성들에 대한 서술 비중이 훨씬 더 늘어나야 하고, 잘못 알려진 부분도 고쳐 나가야 할 것입니다. 세상의 절반은 여성이니까요.

18

세종 대왕은 훌륭한 왕이었을까?

한국인이 가장 존경하는 역사 인물은 누구일까요? 김구 선생이나 이순신 장군도 있겠지만 세종 대왕을 빠뜨릴 수는 없겠죠? 백성을 사랑해서 한글을 창제한 세종 대왕은 훌륭한 군주임에 틀림없습니다. 그러니 세종 대왕이 훌륭한 왕이냐는 질문은 하나 마나 한 말이 아닌가요?

세종 대왕이 훌륭한 업적을 많이 남긴 것은 맞지만 그렇지 않은 부분도 있습니다. 먼저 세종 대왕의 업적을 살펴볼까요? 세종 대왕은 세계에서 가장 과학적이고 배우기 쉬운 한글을 창제하였고, 수많은 서적을 편찬해서 조선 학문의 수준을 높였습니다. 여진족을 몰아내고 4군 6진을 개척해서 조선의 영토를 한반도 전역으로 확장시켰고, 대마도를 징벌해서 왜구를 근절시켰지요. 긴의, 혼천의, 앙부일구, 자격루 등을 만들어 과학을 발전시킨 세종 대왕은 한국사를 빛낸 가장 중요한 인물일 것입니다.

그럼에도 불구하고 세종 대왕은 어진 임금이 아닐 수도 있습니다. 당시 피해를 입은 백성들의 입장에서 본다면 말이죠. '북방 사민 정책'이라고 들어 봤나요? 사민이란 주민들을 강제로 이주시키는 것을 말하는데, 세종 대왕은 압록강과 두만강 남쪽 지역의 여진족을 정벌하고 충청, 전라, 경상 지방의 백성들을 새로 정복한 지역으로 강제 이주를 시켰습니다. 자신들의 보금자리를 떠나기 싫었던 백성들은 딸을 팔아서 뇌물을 바치거나 심지어 자해까지 하며 버텼지만, 결국 돈 없는 사람들만 강제 이주를 당하게 됩니다. 물론 그 과정에서 운송 수단이나 식량을 제공한 것도 아니어서 수천 명이 굶주림과 질병으로 죽어 가게 됩니다. 당시 변방을 지키기 위해서 어쩔 수 없는 정책이었다고 하지만, 이로 인해 세종 대왕에 대한 원성이 아주 높았답니다. 이렇듯 차별받은 사람들의 눈으로 역사를 바라보면 세종 대왕이 다르게 보이지요.

세종 대왕은 백성을 사랑했다고 널리 알려져 있습니다. 노비조차 돌보았다는 사례로 '관노비 출산 휴가'를 꼽지요. 관노비는 관청이 소유한 노비를 말하는데, 조선 시대에 여자 관노비에게 7일간의 출산 휴가를 주었다고 합니다. 가난한 농민 여성이 아이를 낳고 7일은커녕 눈치가 보여 사흘 만에 일어나 밭일을 하러 나가는 세상이었는데, 노비에게 7일간의 휴가를 주는 것은 놀라운 일이었습니다. 그런데 세종 대왕은 1426년 이 휴가를 100일로 연장합니다. 그리고 4년 뒤에 출산 전 1개월의 휴가 제도를 도입하였고, 또 4년 뒤에는 그 노비의 남편에게도 30일간의 출산 휴가를 줬습니다. 정말 놀라운 정책이지요.

하지만 노비까지 배려한 세종 대왕이 폭력적인 법률을 만든 사례도 있습니다. 첫째는 노비종모법이고, 둘째는 부민고소금지법입니다. 노비종모법은 어머니가 노비이면 아버지가 평민, 중인, 양반일지라도 그 자식이 노비가 되는 것을 말합니다. 노비인 어머니에게서 태어난 아이는 아무런 잘못도 없이 자동으로 노비가 되는 법률이지요.

부민고소금지법은 백성들이 지방 수령, 즉 흔히 사또라 부르던 현령, 현감 등의 지방 공무원을 고소, 고발하는 것을 금지하는 법률입니다. 오늘날의 상황에 빗대어 표현한다면 구청장이나 시장이 어떤 잘못을 하더라도 시민들이 고소나 고발을 하면 안 된다는 법률인 것이죠. 반인권적이고 비민주적인 법률입니다.

위대한 임금 세종, 다른 눈으로 보면?

물론 오늘날의 기준으로 600년 전 인물을 평가하는 것은 어려운 일이고, 이런 정책들 때문에 한글 창제 등 세종 대왕의 훌륭한 업적이 사라지는 것도 아닐 것입니다. 하지만 위대한 임금으로 알려진 세종 대왕에게도 또 다른 측면이 있다는 사실 정도는 알 수 있겠지요? 다른 눈으로 역사를 바라보면 다른 역사가 보인답니다.

19

조선이 일제에 강점될 수밖에 없었다고?

"우리는 조선인들을 위해서 일본에 간섭할 수 없다. 조선인들은 자신들을 위해 주먹 한 번 휘두르지 못했다. 조선인들이 스스로 하지 못한 일을 자기 나라에 아무런 이익이 되지 않음에도 조선인들을 위해서 해 주겠다고 나설 국가는 없다."

미국의 대통령 시어도어 루스벨트가 한 말입니다. 이 이야기는 '조선인들이 못나서 스스로를 방어하지 못했고, 도와주는 나라가 없는 것도 당연한 일이다'라는 내용일 것입니다. 루스벨트는 의병 투쟁 등 일본에 대한 우리 민족의 저항을 아예 모른 척하고 있습니다. 이처럼 당시에는 힘없는 나라가 강대국에 강점되는 것을 당연하게 생각하고, 그 이유를 강대국의 탐욕 때문이 아니라 약소국의 약함과 어리석음 때문이라고 설명하는 논리가 널리 퍼져 있었습니다.

일본을 도왔던 미국 대통령의 생각이 이 정도였는데 실제 지배자였던 일본 지배층의 생각은 어땠을까요? 일제 강점기에 일본인들은 조선이 왜 강점될 수밖에 없는지를 설명하는 역사관인 식민 사관을 적극적으로 퍼뜨렸습니다.

식민 사관은 여러 가지 논리가 있는데, '일본 민족과 조선 민족의 조상이 같으니, 오늘날 일본이 조선을 보호하는 것은 너무나 당연한 것이다'라는 논리인 '일선동조론', '조선은 대륙과 바다 사이의 반도에 위치하고 있어서 대륙 세력(중국)과 해양 세력(일본)

의 침략을 당할 수밖에 없었다'라는 논리인 '타율성론', '조선인들은 분열을 좋아하고 단결을 못해서 늘 내분이 일어났기 때문에 조선이 망했다'는 논리인 '당파성론' 등이 있습니다.

아직도 남아 있는 지긋지긋한 식민 사관…

이런 주장에 대해 반론을 해 볼까요? '일선동조론'의 경우 일본이 조선을 보호한다고 했는데, 그것은 침략을 미화한 것에 불과한 논리입니다. '타율성론'의 경우 반도 국가는 늘 외침에 시달린다고 했는데 이탈리아 또한 반도에 있지만 지중해 세계를 지배한 제국이었고, 고조선이나 고구려 및 발해를 보면 조선이 반도에만 존재했던 것도 아니었다는 반론이 가능합니다. '당파성론'의 근거는 조선 시대의 붕당 정치인데, 붕당은 오늘날의 정당과 비슷한 것으로 한 세력이 권력을 독점하는 것을 막는 장치였습니다. 조선 사회가 혼란해진 것은 붕당 정치 시기가 아니라 외척 집안이 권력을 독점했던 세도 정치 시기였습니다.

일제의 식민 사관과 관련하여 흰옷에 관한 이야기도 있습니다. 한국인들은 예로부터 흰옷을 좋아했습니다. 요즘 사극을 보면 알록달록 예쁜 색상의 옷을 입은 배우들이 등장하는데 어떻게 보면 그것은 역사를 왜곡한 것일 수 있습니다. 고려 시대나 조선 시

대에 왕이 여러
차례 백성들에게
흰옷을 그만 입으라
고 명령한 적도 있었
습니다. 색상이 들어간 옷을 입지 않으면
궁궐에 출입할 수 없었기 때문에 관리들만 아주 희미하게 파란 색
이나 붉은 물을 들인 옷을 입고 다녔다고 합니다. 그런 지시를 한
왕도 퇴근을 하면 흰옷만 입고 있었다고 하니 우리 조상들의 흰옷
사랑은 대단했다고 할 수 있겠지요.

그런데 일본 제국의 식민 사학자들은 '조선인들은 옷을 염색
할 염료도 부족할 정도로 가난했으며, 늘 외침을 당해 그 슬픔을
흰색으로 나타내어 흰옷을 즐겨 입었다'는 논리를 개발했습니다.
이 이야기는 어떻게 반론할 수 있을까요? 힌트를 줄까요? 앞에서
왕도 흰옷을 즐겨 입었다고 했죠? 맞아요. 왕이 염료가 없어서, 슬
퍼서 흰옷을 입었을 리가 없잖아요? 조선 사람들은 흰옷 자체를

사랑했던 것입니다. 흰옷 사랑은 한민족의 고유한 정서였던 것이지요. 일제 강점기에는 많은 사람들이 시위를 할 때 흰옷을 입고 나와 흰옷은 민족의 상징이자 저항의 상징이 되었습니다.

이처럼 식민 사학은 곳곳에 숨어서 한국사를 왜곡해 왔습니다. 이것을 극복하기 위해서는 더 치밀한 역사 연구가 필요하고, 반론을 위한 논리를 개발해야 합니다. 그리고 무엇보다도 우리 역사의 긍정적인 측면을 부각시켜야 할 것입니다. 그래서 다른 이들의 눈이 아닌 '우리의 눈'으로 역사를 바라보아야 할 것입니다.

20

이토 히로부미가 영웅이라고?

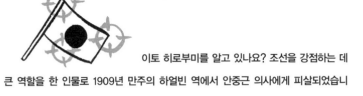

이토 히로부미를 알고 있나요? 조선을 강점하는 데 큰 역할을 한 인물로 1909년 만주의 하얼빈 역에서 안중근 의사에게 피살되었습니다. 그런데 이토 히로부미가 일본에서는 영웅이라는 사실을 알고 있나요?

영웅에 대한 평가는 누구의 시각에서 바라보느냐에 따라 달라집니다. 조선인들의 입장에서 이토 히로부미는 침략자이지만 일본인들에게는 일본을 세계적인 강대국으로 만든 인물이니까요. 그래서 한때 일본의 천 엔짜리 지폐에 이토 히로부미의 얼굴이 나와 있었습니다. 우리나라를 비롯한 주변국들과 심각한 외교 마찰을 빚게 되자 다른 인물로 교체할 수밖에 없었지만요.

아돌프 히틀러도 마찬가지여서 위대한 독일 제국을 건설하겠다면서 제2차 세계 대전을 일으켰습니다. 독일이 패전했기에 망정이지 승리했다면 아직도 영웅으로 칭송받고 있을지도 모를 일입니다.

어느 민족에게는 영웅이지만 타민족에게는 침략자일 수 있는 인물은 참 많습니다. 그렇다면 한국사에는 그런 인물이 없을까요? 광개토 대왕은 어떤가요? 광개토 대왕은 한국인이라면 진정한 영웅으로 꼽는 인물 중 한 명일 것입니다. 하지만 그도 어떻게 보면 가혹한 침략자였습니다.

광개토 대왕릉비를 아나요? 오늘날 중국 길림성 집안시에 있는 이 비석에는 주로 광개토 대왕의 업적이 기록되어 있습니다. 그 내용을 보면 396년에는 백제를 토벌해서 58개의 성과 700개의 마을을 빼앗았고, 410년에는 부여를 토벌해서 64개의 성과 1,400개의 마을을 빼앗았다는 내용이 나옵니다. 고구려를 세운 주몽은 부여 출신이고, 백제는 고구려를 세운 주몽의 아들 온조가 세웠으므로 광개토 대왕은 동족을 토벌한 것으로 볼 수도 있습니다. 동족을 공격했건 외세를 토벌했건 그 상대방의 입장에서 본다면 광개토 대왕은 침략자일 뿐입니다.

더군다나 고구려도 하나의 민족으로 이루어진 나라가 아닙니다. 소수의 고구려인들이 다수의 거란족 등의 타민족을 지배하는 나라였습니다. 이 글을 읽고 있는 학생들의 조상 중에는 고구려인도 있지만 백제나 부여인, 혹은 거란족도 있을 수 있습니다. 그렇게 본다면 광개토 대왕은 우리 조상들을 학살한 사람일 수도 있지요.

광개토 대왕은 영웅일까, 침략자일까?

그렇다면 진정한 영웅은 존재하기 힘들다는 사실을 알 수 있습니다. 특히 정복을 통해 영토를 확장한 정복 군주는 그 누군가에게는 침략자일 수밖에 없지요. 이처럼 어떤 영웅의 '영웅적인 행위'는 타인의 희생을 바탕으로 하기도 합니다. 그렇다면 영웅을 영웅으로만 보는 것은 문제가 있을 수도 있습니다. 우리 민족을 위대하게 만든다고 했지만 정작 그 민족 구성원들은 고통을 받게 되는 경우도 있기 때문입니다. 따라서 어떤 인물에 대한 판단은 한 가지 기준으로만 하기 힘든 부분이 있습니다. 특히 '민족'이라는 하나의 잣대로 어떤 인물과 사건을 평가할 때 다른 민족이나 민족 내부의 힘없는 사람들에게 해를 끼치지 않았는지도 살펴보아야 합니다.

앞에서 식민 사관을 극복하기 위해서는 '우리의 눈'으로 역사를 봐야 한다고 했지요? 그 '우리'에 해당하는 것으로 '우리 민족'

도 있을 거예요. 우리 민족의 눈으로 역사를 바라보는 것을 '민족 사관'이라고 합니다. 식민 사관의 반대편에 있는 생각이라고 할 수 있겠지요. 하지만 그 '민족' 안에는 더 다양한 '우리'가 있다는 사실을 기억해야 합니다. 식민 사관을 극복하기 위해 한국사를 과 대 포장한다거나 역사 인물의 긍정적인 측면만을 이야기해서는 안 된다는 것이지요. 역사를 다양한 눈으로 바라보지 않는 관점은 폭력이 될 수 있으니까요.

'악법도 법이다'는 누가 한 말일까?

고대 그리스의 철학자 소크라테스가 한 유명한 말에는 무엇이 있을까요? '너 자신을 알라'나 '악법도 법이다'가 떠오르지요? 그런데 그 두 가지 말 모두 소크라테스가 말한 적이 없다고 하네요.

'너 자신을 알라'라는 말은 원래 '너 자신이 무지하다는 사실을 모른다는 것을 알라'라는 말인데 잘못 전해진 것입니다. 즉 자신이 모르는 것이 많다는 것을 인정하고 겸손한 마음으로 앎을 추구해야 진리로 나아갈 수 있다는 말인데, 이 말이 단순하게 '너 자신을 알라'라고 전해졌습니다. '너 자신을 알라'라는 표현은 그리스의 델포이 신전에 새겨져 있는 격언이라고 합니다.

'악법도 법이다'라는 말이 잘못 알려진 것은 문제가 더 심각합니다. 원래 '악법도 법이다'라는 말은 고대 로마의 법률 격언인 '법은 엄하지만 그래도 법'이라는 말에서 유래했다고 합니다. 그런데 1930년대 일본의 법학자인 오다카 도모오가 자신의 책 『법철학』에서 소크라테스가 독배를 마시고 사형을 당하기 직전에 '악법도 법이다'라는 말을 했다는 글을 남겼고, 이것이 오늘날까지도 소크라테스의 말로 잘못 전해지고 있습니다.

물론 소크라테스는 법을 지키는 것을 매우 중시했던 사람입니다. 소크라테스가 법정에 서게 된 것은 신을 믿지 않고, 젊은이들을 타락시킨다는 고발을 당했기 때문입니다. 소크라테스는 벌금형이나 국외 추방형 정도를 요청할 수도 있었지만, 끝까지 자신의 무죄를 주장하다가 결국 사형 선고를 받게 되었습니다. 심지어 탈옥을 하자고 찾아온 친구들 앞에서 자신은 그럴 수 없다고 말합니다. 소크라테스는 아테네의 법은 아테네의 시민들이 만들었고, 그 법에 근거한 정당한 절차에 의해 자신이 재판을 받았기 때문에 500명의 시민 배심원의 판결을 거부하는 것은 아테네라는 공동체를 무너뜨리는 행위라고 말했습니다. 악법도 법이니까 지켜야 한다는 것이 아니라 법에 따른 판결은 부당할지라도 지켜야 한다는 것이지요.

> ## 독재를 정당화하기 위해 '악법도 법이다'를 이용하다니!

그런데 문제는 '악법도 법이다'라는 말을 소크라테스가 했느냐 안 했느냐보다 그것이 어떻게 활용되었느냐가 더 중요합니다. 소크라테스의 잘못 알려진 명언 '악법도 법이다'는 역대 독재 정권에게 악용되어 왔습니다. 자신들의 독재를 정당화하기 위해 '악법도 법이다'라는 잘못 알려진 격언을 활용하여 법을 꼭 지켜야 하는 것으로 설명했지요. 결국 2002년에는 국가 인권 위원회의 권고로 초등학교 도덕 교과서에 실려 있던 소크라테스의 잘못된 일화가 삭제되었고, 2004년에는 헌법 재판소의 권고로 중학교 사회 교과서에 실렸던 내용이 삭제되었습니다.

소크라테스는 법을 만드는 주체인 시민의 입장, 그리고 아테네의 스승의 입장에서 생각했기 때문에 그 법의 판결을 거부하지 않고 죽음을 맞이했던 것이지, 그동안 독재자들이 악용해 왔듯이 어떤 법이든 무조건 지켜야 한다고 생각해서 독배를 마셨던 것이 아니었습니다.

현대 민주주의 사회에서 국가란 시민들의 필요에 의해 존재하고 정부도 시민들의 권력을 잠시 빌려서 행사하고 있는 것에 불과합니다. 그런 의미에서 오늘날 우리들에게는 '국가의 눈'보다는 '시민의 눈'으로 역사를 바라보는 것이 필요합니다.

10대들이 역사를 만들었다고?

김구, 김좌진, 안창호의 공통점은 무엇일까요? 독립운동을 했던 분들이라고요? 맞습니다. 하지만 좀 더 정확하게 표현하면 10대 때 독립운동과 관련해서 역사적인 행동을 했던 공통점을 갖고 있는 분들입니다.

동학 농민 운동에 대해 들어 보았지요? 동학 농민 운동과 김구가 관련이 있다는 사실도 알고 있었나요? 김구는 17세 때 동학에 입교한 뒤 1년도 안 돼서 수백 명에게 동학을 전도하여 지역 책임자인 접주가 됩니다. 18세 때는 황해도의 동학 대표자가 되었고, 동학 농민 운동이 시작되자 황해도의 동학군 700명을 지휘하게 됩니다. 비록 일본군과 제대로 싸워 보지도 못하고 패배하기는 했지만, 김구는 소년 장수가 되어 동학 농민 운동이라는 역사적인 사건에 참여한 거죠.

대표적인 실력 양성론자로 대한민국 임시 정부에서 활약했던 안창호는 19세 때 독립 협회에 가입한 후 능력을 인정받아 오늘날 평안도 지방에 해당되는 관서 지방의 책임자가 됩니다. 당시에 안창호는 청년 웅변가로 명성을 날렸고 여러 곳으로 강연을 다녔다고 합니다.

김좌진은 17세에 대한 제국 육군 무관 학교에 입학하였고, 같은 해에 집안의 노비들을 해방시키고 농토를 무상으로 나눠 줍니다. 19세 때는 호명 학교를 설립하였고, 자신의 집을 학교 건물로 사용하게 했지요. 이처럼 애국 계몽 운동에 힘쓰다가 항일 무장

투쟁에 투신해서 1920년에는 유명한 청산리 대첩을 지휘하게 됩니다.

이야기를 들어 보니 어떤가요? 김구가 동학 농민 운동에, 안창호가 독립 협회에 참여하고, 김좌진이 학교를 설립한 것은 모두 10대에 이룬 일들입니다. 정말 놀랍지 않나요?

우리 10대들이 늘 역사의 주인공이야

10대에 역사적으로 중요한 활약을 한 중·고등학생들도 있습니다. 4·19 혁명은 다 알지요? 4·19 혁명은 1960년 4월 19일 학생과 시민이 중심이 되어 일으킨 반독재 민주주의 운동으로, 12년간 독재를 하던 이승만 정권을 무너뜨린 혁명이었습니다. 1960년 3월 15일 대통령 및 부통령 선거에서 이승만 정부가 대대적인 부정 선거를 하자, 12년간의 독재와 무능 및 경제난에 지친 사람들이 전국적으로 대규모 시위를 벌이게 되었고 결국 이승만 대통령이 물러나게 됩니다. 그런데 4·19 혁명을 주도한 것은 일반 시민들도, 대학생도 아닌 중·고등학생이었습니다.

4·19 혁명은 1960년 2월 28일 대구에서 고등학생들이 벌인 시위에서 비롯되었습니다. 이를 2·28 대구 학생 의거라 하는데, 대구의 고등학생들이 '독재 정치 물리치자', '학원의 자유 보장하

라'는 구호를 외치며 시위를 벌였던 사건입니다. 또한 대대적인 부정 선거가 이루어졌던 3월 15일에는 마산에서 시위가 있었습니다. 그날 시위 중 행방불명되었던 마산 상업 고등학교 학생 김주열의 시신이 4월 11일에 눈에 최루탄이 박힌 채로 발견되어 전국적인 시위로 확대되게 됩니다.

4월 19일 최초로 시위를 시작해서 서울 시내로 진출하기 시작했던 것은 고려 대학교 근처에 있는 대광 고등학교 학생들이었습니다. 그리고 거의 비슷한 시기에 서울 대학교 학생들이 종로로 진출하게 됩니다. 여기에 다른 중·고등학교 학생들과 대학생들 및 시민들이 동참하고 나중에는 초등학생들까지 시위에 참가하다가 마침내 대학교수들까지 가세하자 이승만 대통령은 물러나게 됩니다.

이처럼 한국사의 주요 순간마다 10대들은 중요한 역할을 해왔습니다. 우리 학생들도 10대들이 늘 역사의 주인공이었다는 사실을 잊지 말았으면 해요. 역사가 자신들과 상관없는 것이 아니라 그것을 만들어 가고 바꿔 나갈 수 있다는 사실을 알아야 합니다. 그런 의미에서 우리는 10대의 눈으로 오늘날의 세상을 봐야 할 것입니다.

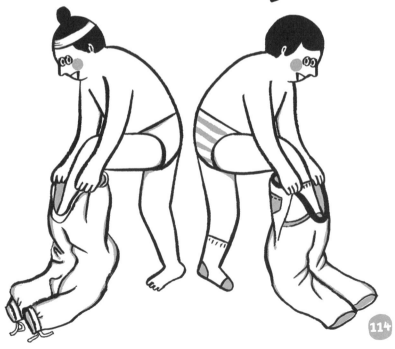

23

우리 조상들은 한복을 입었을까?

우리 조상들이 입었던 옷은 한복입니다. 하지만 한복이 아니었습니다. 이게 무슨 말이냐고요? 한복이지만 한복이 아니라는 모순적인 말이 성립하는 이유가 몇 가지 있답니다. 잘 들어 보세요.

우리 조상들은 자신들이 입었던 옷을 '한복'이라는 명칭으로 부르지 않았습니다. 그냥 옷을 입었을 뿐이었지요. 한복이라는 명칭은 우리가 한복을 거의 입지 않으면서 생겨났습니다. 오늘날 우리는 양복을 입고 있고 그러다 보니 양복이 너무나 당연해져서 그냥 '옷'이라 부르고 있습니다. 양복이라는 말은 남성용 정장인 슈트를 부르는 단어로만 남게 되었지요. 과거 조상들이 입던 옷은 명절 등 특별한 날만 입게 되었고 그냥 '옷'이 아니라 '한복'이라는 특별한 옷이 되어 버린 것이죠. 그런 의미에서 우리 조상들은 '한복'이 아니라 그냥 '옷'을 입었으므로 한복을 입었지만 입지 않았다고 이야기할 수 있답니다.

한복과 마찬가지로 '한과'도 비슷한 운명에 처해 있습니다. 우리가 늘 먹는 과자는 서양과자인데 그런 것들을 한때 '양과자'라고 불렀습니다. 오늘날의 빵집을 과거에는 '양과자점'이라고 불렀죠. 그 당시에는 서양과자가 특이한 것이라 그렇게 불렀지만 오늘날에는 강정이나 약과 등의 전통 과자가 더 특이한 것이 되어 '양과자'는 그냥 '과자'가 되었고 본래 과자는 '한과'가 되었습니다.

그리고 전통적인 복장으로서의 한복은 실체가 불분명하다는 뜻에서 한복을 입었다고 말하기 힘든 부분이 있습니다. 현재 우리가 한복으로 알고 있는 옷은 개화기 때부터 시작해서 길어야 100년 전에 유행한 옷입니다. 한복에서 조끼는 서양인들이 입는 슈트의 일부인 재킷을 도입한 것입니다. 재킷(Jacket)을 '조끼'로 발음한 것이죠. 원래 우리 민족은 조끼와 비슷한 '배자'라는 것을 입었는데, 조끼가 주머니도 있고 여러모로 편리해서 유행하기 시작했습니다. 오늘날 한복 조끼가 배자가 아니라 재킷이었다는 증거가 조끼에 달려 있는 호주머니입니다.

한편 남자 상의인 '마고자'는 청나라에서 들여온 옷입니다. 1882년 임오군란을 진압하기 위해 들어온 청군은 임오군란의 배후 인물로 흥선 대원군을 지목하여 청나라로 압송하게 됩니다. 끌려갔던 흥선 대원군이 조선으로 귀국할 때 청나라 옷인 마괘를 입고 오는데 이것이 유행하여 오늘날의 마고자가 탄생하게 됩니다. 조끼와 마고자의 사례를 보면 우리의 전통 의상인 한복도 서양 옷과 중국옷의 영향을 받았음을 알 수 있지요.

사실 완벽한 '우리 것'이란 존재하지 않아요. 외부에서 들어온 것들이 우리의 실정에 맞게 변형되어 정착되면 그것이 우리 것이 되는 것이지요. 대표적인 전통 음식인 김치도 마찬가지예요. 김치의 주재료인 고추도 임진왜란 이후에 도입되어 17세기에 이르러서야 재배되기 시작했고, 배추는 19세기에 중국의 산둥 반도에서 들여온 것입니다. 그전에는 배추도 아닌 무를 고춧가루를 사용하지 않고 소금에 절여 먹는 김치를 먹었다고 합니다.

전통은 계속 변화하는 거로군, 민족도 마찬가지고

이처럼 전통은 생각보다 그리 오래된 것도 아니고, 고정되어 있는 것도 아닙니다. 결국 전통 문화도 지속적으로 생성되고 변화하고 있는 것입니다. 그런 특징은 '민족'에서도 발견됩니다. 민족도 지속적으로 만들어져 가고 있으며 완성된 것이 아닙니다. 그렇기 때문에 과거의 사건을 오늘날의 민족 개념을 기준으로 판단하면 문제가 있습니다.

예를 들어 김춘추가 당나라 군대와 함께 고구려와 백제를 멸망시킨 것을 민족에 대한 반역 행위라고 여기는 사람들이 있습니다. 하지만 당시 신라인들은 고구려와 한 나라를 이룬 적이 없습니다. 고구려 지역은 과거 고조선의 영역과 일치하는 부분이 많지만 신라는 고조선의 영역이 아니었으니까요. 그러니까 신라가 고구려를 멸망시킨 것을 민족에 대한 배신으로 생각하는 것은 문제가 있지요.

오늘날 외국에서 이주해 와서 한국에 정착하는 사람들이 적지 않습니다. 그런 사람들과 '토종' 한국인들이 가정을 이루게 되면 '다문화 가정'이라는 용어로 부르지요. 이런 현상은 오늘날에도 한민족이 끊임없이 형성되고 있는 과정이라는 사실을 보여 주는 사례입니다. 과거에도 한민족은 '하나의 인종'으로 구성된 적이 없었습니다. 우리들의 조상 중에는 중국인이나 일본인뿐 아니라 인도에서 온 사람도 있었습니다. 인도의 공주로서 가야의 시조인 김수로왕과 결혼한 허황옥의 사례를 떠올려 보세요. 심지어 박연이라는 이름을 얻어 조선 여인과 결혼하고 자식까지 낳아 살았던 네덜란드인 벨테브레이도 있었습니다. 우리는 이질적인 문화와 인종에 대한 편견에서 좀 더 자유로워지면 좋겠습니다.

5장

기본 개념으로
역사의
비밀을 풀자!

24

중앙 집권 국가는 왜 강할까?

고구려의 고국원왕은 백제의 근초고왕과 싸우다가 전사합니다. 고국원왕의 증손자인 장수왕은 백제와 싸워 개로왕을 사로잡아 죽입니다. 증조할아버지 때는 왕이 외국군에 의해 전사할 정도로 국력이 미약했는데, 증손자 때는 복수를 한 셈이네요. 그 사이 어떤 일이 있었기에 이런 엄청난 반전이 가능했을까요?

답은 바로 '중앙 집권' 국가'를 이루었기 때문입니다. 중앙 집권 국가란 권력이 중앙, 즉 왕에게 집중된 나라를 말합니다. 중앙 집권 국가 이전의 나라는 주로 연맹 왕국이었습니다. 연맹 왕국이란 여러 개의 부족이 연합한 나라이고 왕도 아버지가 아들에게 물려주어 세습하는 것이 아니라 부족장들 중에서 뽑는 방식이었습니다. 그러다가 가장 강한 부족이 왕위를 독점하게 되면서 왕국의 단계로 진입하게 되는데, 처음에는 왕위를 아들에게 물려주지 못합니다. 왜냐하면 그 아들보다 나이도 많고 능력도 있는 왕의 동생들이 가만히 있지 않을 것이고, 다른 귀족들도 어린 왕의 말을 잘 들을 리가 없기 때문입니다.

그래서 왕권을 강화할 수 있는 장치를 만듭니다. 유교를 도입해서 왕에게 충성하는 것이 중요하다는 것을 강조하고, 불교를 국교화해서 전부터 존재하던 다양한 종교를 하나로 통일하고 백성들의 마음을 한곳으로 모읍니다. 그리고 율령을 반포합니다. 율령이란 국가를 통치하기 위해 필요한 제도나 방식을 법률로 만들어 시스템화하는 것입니다. 예를 들어 관리들의 등급은 어떻게 정하고, 등급마다 어떤 복장을 착용하고, 봉급을 얼마나 받고, 군대는 어떻게 조직하고, 세금은 어떻게 걷느냐 등 국가 통치에 필요한 모든 것들을 법제화하는 것이지요. 이런 율령이 정착되면 왕권이 강화됩니다. 왜냐하면 어린 왕이 즉위하더라도 율령에 따라 국가가 운영되기에 다른 세력이 왕권에 도전할 수 없기 때문이지요.

왕권을 강화하기 위해 종교와 율령이 필요하네

중앙 집권 국가란 유교와 불교 등의 종교를 도입하고 율령을 반포하여 왕권을 강화시킨 국가를 말합니다. 중앙 집권 국가를 이루고 있는 요소 중에서 가장 중요한 것은 율령이라 할 수 있습니다. 왜냐하면 왕권이 어느 정도 강화되고 안정화된 상황이 되어야 그러한 법률을 반포할 수 있기 때문이죠. 따라서 율령 반포는 어떤 나라가 중앙 집권 국가가 되었는지를 보여 주는 가장 결정적인 지표라 할 수 있습니다.

백제는 3세기 고이왕, 고구려는 4세기 소수림왕, 신라는 6세기 법흥왕 때 율령을 반포하고 그 직후에 전성기에 접어들게 됩니다. 백제는 4세기 근초고왕 때 전성기를 구가하여 한강 유역을 차지하고 중국의 요서 지방까지 진출하였으며, 심지어 고구려를 공격해서 고국원왕을 죽입니다. 고구려는 광개토 대왕 때 요동 지방

고국원왕 고국원왕은 331년에 고구려 16대 왕으로 즉위했다. 그는 비교적 오래 살아 60세를 넘겼고, 재위 기간도 41년이나 되었다. 371년에 고국원왕은 60이 넘은 나이에도 불구하고 직접 군사를 내어 백제군과 맞서 싸우다가 백제군이 날린 화살에 맞고 쓰러졌다. 고구려군은 급히 왕을 모시고 퇴각했으나 고국원왕은 의식을 회복하지 못하고 죽었다. 고구려 역사상 유일하게 전쟁에서 죽임을 당한 왕이다.

까지 영토를 넓혔고, 장수왕 때 도읍을 평양성으로 옮기고 고국원왕의 복수를 했지요. 신라는 가장 마지막인 6세기에 율령을 반포하고 중앙 집권 국가를 이루어 냈지만 그 위세를 몰아 결국 삼국을 통일하게 됩니다. 비록 당나라의 힘을 빌려 오기는 했지만 말이죠.

한반도가 삼국 시대가 되기 전에는 수많은 나라들이 있었습니다. 고구려가 정복한 옥저, 동예, 부여, 백제에 흡수된 마한의 여러 나라들, 그리고 신라에 통합된 진한의 여러 나라들과 6개의 가야 등이 있었는데 이들의 공통점이 무엇일까요? 바로 중앙 집권 국가를 이루지 못했다는 것입니다. 그렇다면 중앙 집권 국가야말로 국가의 존망이 달린 중요한 시스템임을 알 수 있습니다.

25

종교와 권력은 어떤 관계가 있을까?

중앙 집권 국가를 이루기 위해서는 왕이 상당한 권위를 갖추어야 합니다. 그렇지 않으면 귀족들의 반발이 크기 때문입니다. 왕족들도 과거 연맹 왕국 시절에는 유력한 부족장들 중 한 명이었을 뿐이니까요. 그렇다면 왕은 어떻게 권위를 갖출 수 있었을까요?

한때 동료들이었던 귀족들 사이에서 나와 너는 본질적으로 다르다는 것을 알려 주려면 실력과 명분을 갖추어야 합니다. 왕의 실력 중 가장 중요한 것은 전쟁 수행 능력입니다. 왕들은 끊임없는 전쟁을 통해 영토를 확장해 나갔고 자신이 얼마나 위대한지를 입증했지요. 왕들은 전쟁을 수행하면서 왕권을 강화시켜 나갔습니다. 전쟁은 나라 안의 모든 인적, 물적 자원을 동원해야 하는 일이고 그 과정 속에서 의견의 통일을 이루어야 합니다. 전쟁 중 왕의 지시를 따르지 않거나 비협조적인 세력이 있다면 단호하게 제거할 수 있었지요. 어떻게 보면 끊임없이 전쟁에 동원되었던 백성들은 왕권 강화를 위한 희생물이었던 것이지요.

그런데 왕의 권위는 전쟁 수행 능력 등의 실력만 갖고 보장되는 것은 아닙니다. 그러한 폭력을 동원하는 능력보다 더 근본적인 권위는 폭력을 행사하지 않고도 복종시키는 능력입니다. 백성들에게 '왕은 워낙 대단한 분이라 반드시 복종할 수밖에 없다'라는 생각을 갖게 만드는 것이 중요합니다. 그렇게 만들려면 무엇이 필요할까요? 가장 좋은 방법은 종교를 이용하는 것입니다. 인류의 역사가 시작되면서부터 종교는 지배자들의 권력을 정당화하는 도구였습니다.

지배자들이 백성들을 다스리는 데 불교나 유교가 활용되었군

삼국 시대에 불교는 기존 종교를 내세우며 세력화를 추구하던 귀족 세력을 무력화시키고 통제하는 수단으로 활용됩니다. 이차돈 순교 사건에 대해 알고 있나요? 신라 법흥왕이 왕권 강화를 위해 불교를 도입하려 하는데 귀족들이 반대합니다. 순교를 결심한 이차돈이 절을 짓자 귀족들이 문제를 삼아요. 법흥왕이 이차돈의 목을 치라고 명령합니다. 그러자 이차돈의 목에서 흰 피가 솟고 꽃잎처럼 비가 내렸어요. 그 광경을 보고 감동을 받은 귀족들이 불교를 받아들였다고 합니다.

그런데 과연 이차돈의 목에서 솟은 흰 피 때문에 귀족들이 불교를 받아들였을까요? 불교는 왕권 강화는 물론 귀족들의 지위를 강화하는 데도 도움이 되었기 때문입니다. 불교 교리 중에는 '윤회'라는 것이 있습니다. 모든 생명체는 살면서 쌓은 업에 의해 다음 생의 존재가 결정된다는 것이지요. 귀족들은 전생에 공덕을 많이 쌓아서 현생에서 부귀영화를 누리고 있는 것이므로 백성들에게 지금의 고통에 대해 불만을 갖지 말고 복종하라고 말할 수 있습니다. 이것은 귀족들에게도 손해 볼 일이 없는 것이기에 불교 도입에 찬성했던 것입니다.

삼국 시대 이후 고려의 왕들도 불교를 중시했습니다. 왕건은 훈요십조라는 유훈을 아들들에게 남겼는데, 불교 행사인 연등회와 팔관회를 중시하라는 내용이 담겨 있습니다. 왕건이 아들들에게 왕권을 유지하기 위한 지혜를 남긴 것이지요.

그랬던 불교가 조선 시대에는 탄압과 배척을 당하게 됩니다. 불교가 조선의 통치 이념인 유교 사상에 거슬리는 부분이 있었기 때문입니다. 유교의 핵심 사상이 '효'인데 부모 형제와의 관계를 끊고 수행을 해야 하는 승려들은 유교적인 관점에서 불효를 저지르는 일이었습니다. 이런 사상적인 이유도 있었지만 불교 사원이 많은 토지와 노비를 소유하고 있었기 때문에 이들의 재산을 몰수하려는 의도도 있었습니다. 조선은 유교를 통치 이념으로 내세웠고 불교를 탄압하다 보니 도심지의 큰길가에 있던 절은 대부분 없어지고 산속에 있는 절만 남게 되었습니다.

앞에서 계급이라는 키워드로 역사를 보면 많은 것이 보인다고 했죠? 그러한 차원에서 봤을 때 지배층에게 종교는 지배의 도구였습니다. 종교와 이념이 지배의 도구였다는 사실을 알고 역사를 바라본다면 역사에 대한 이해가 훨씬 더 쉬워질 것입니다.

26

개·에게 점심을 주면 안 되나?

개에게 점심을 주었다고 혼나 본 적이 있나요? 강아지가 배고파 보여 밥을 주었는데, 그러면 안 되는 걸까요? 여기서는 그러면 안 되었던 시절 이야기를 해 볼까 합니다.

지금으로부터 거의 40여 년 전의 이야기입니다. 그때 선생님은 초등학교 저학년 아이였는데 경상북도 산골 마을에 살았고, 집에 누런 개를 한 마리 키우고 있었습니다. 어느 날 누렁이에게 점심으로 먹다 남은 밥을 주고 있었는데, 이웃집 할머니가 개에게 점심을 준다며 야단을 치시는 것이었어요. 당시에는 그 이유를 잘 몰랐는데, 나중에 생각해 보니 그 할머니는 일제 강점기에 태어나셨기 때문에 오랫동안 하루 세끼를 먹지 못하고 사셨던 터라 개에게 점심을 주는 것을 이해할 수 없었던 것이죠.

물론 요즘에도 개가 너무 살이 찌고 무거워질까 봐 점심을 주지 않는 경우도 많지만 할머니가 화를 냈던 이유는 많이 달랐던 것이죠. 인간의 행동은 이처럼 먹고사는 문제, 다시 말해 경제 수준에 의해 결정되는 경우가 많습니다. 사람이 사는 데 필요한 재화를 생산해 내는 능력을 '생산력'이라고 합니다. 경제학의 주요 개념인 생산력은 역사를 이해하는 데 큰 도움을 줍니다.

삼국 시대에 삼국이 끊임없이 전쟁을 벌였던 이유 중 하나도 생산력과 관련이 있습니다. 전쟁에 승리하여 더 넓은 영토와 인구를 차지하게 되면 생산력이 향상되기 때문입니다. 또한 삼국 시대

말기 한강 유역을 누가 차지하느냐에 따라 국가의 운명이 달라졌던 것도 이곳이 생산력이 높은 지역이었기 때문입니다. 한강 유역은 평야가 발달해서 농업 생산력이 높았고 중국과의 교역을 통해 이득을 취할 수 있는 곳이었거든요.

생산력이 낮은 시대에는 개에게 점심을 주면 혼나

임진왜란이 일어난 이유도 생산력과 관계가 깊습니다. 우리는 혼란스러웠던 전국 시대를 통일한 도요토미 히데요시가 장군들의 불만을 해외로 돌리기 위해 전쟁을 일으켰다고 알고 있는데 그것은 전쟁의 동기입니다. 근본적으로 전쟁을 할 수 있게 만든 것은 일본의 생산력이 조선보다 높았기 때문입니다. 일본은 동아시아의 변두리에 위치해 있었기에 문화 수준은 낮았지만 생산력, 특히 농업 생산력과 은의 생산력이 높아서 중국과의 교역을 통해 막대한 부를 축적하고 있었습니다. 임진왜란 당시에 일본의 인구는 이미 조선보다 많았습니다. 도요토미 히데요시는 인원과 물자가 풍부했기 때문에, 다시 말해 생산력이 높았기 때문에 전쟁을 결심했던 것입니다.

인구는 어느 사회의 생산력을 가늠할 수 있는 중요한 척도입니다. 왜 중국과 인도의 인구가 많을까요? 중국 문명과 인더스 문명이 탄생한 이래 가장 오랫동안 생산력이 높은 지역이었기 때문입니다. 영국이 인도를 식민지로 만든 이유 가운데 하나는 인도산 면직물을 차지하고 싶었기 때문이었고, 12세기 송나라의 철 생산력은 산업 혁명 초기 영국의 생산력을 능가할 정도였습니다.

우리는 개를 대하는 풍습도 생산력에 따라 변동되었고, 생산력의 차이가 그 사회의 규모와 전쟁 등 중요한 역사 변화에 영향을 끼친다는 것을 알게 되었습니다. 이처럼 어느 사회의 생산력은 인간의 의식과 사회의 운명에 큰 영향력을 발휘합니다. 앞으로 역사를 공부할 때 그 사회의 생산력을 염두에 두고 역사적인 사건을 분석해 보세요. 많은 비밀이 풀리게 될 테니까요.

27

링컨이 노예 제도를 찬성했다고?

미국의 16대 대통령 에이브러햄 링컨의 이름을 들으면 뭐가 떠오르나요? 미국인이 존경하는 대통령? 큰 바위 얼굴? 국민의, 국민에 의한, 국민을 위한 정부? 뭐니 뭐니 해도 노예 해방이죠. 그런데 남북 전쟁이 링컨의 노예 해방 선언 때문에 일어난 것이 아니라는 사실을 알고 있나요?

우리는 흔히 미국의 남북 전쟁에 대해 링컨과 노예 해방이라는 단어를 떠올립니다. 링컨이 노예를 해방시켜서 남부가 전쟁을 일으켰고, 결국 링컨이 이끈 북부가 승리한 것으로 알고 있습니다. 그런데 사실은 약간 다릅니다.

먼저 링컨의 노예 해방 선언은 남북 전쟁이 시작된 지 20개월이 지난 후에 발표되었고, 링컨은 '진정한' 노예 해방론자라 말하기도 어려운 인물이었습니다. 당시 신문을 보면 링컨은 남부 지역에서는 노예 제도를 찬성한다는 연설을 했고, 며칠 지나 북부에서는 노예 제도를 반대한다는 연설을 했다는 기사가 나옵니다. 이게 무슨 일이죠? 링컨은 한 입으로 두말을 하는 이중인격자였던 것인가요? 그게 아니라 링컨은 노예제를 반대하는 북부와 노예제에 찬성하는 남부가 분열하고 심지어 전쟁까지 벌이는 일을 막고 싶었던 것입니다. 링컨은 북부의 대통령이 아니라 전 미국의 대통령이고 싶었던 것이지요.

그런데 왜 같은 미국인이면서 남부인들과 북부인들의 노예에 대한 생각은 달랐을까요? 그것은 두 지역의 먹고사는 방식, 즉 경제 구조가 달랐기 때문입니다. 경제 구조의 차이는 이해관계의 차이를 낳고, 이해관계의 차이는 정치적인 대립으로 이어질 수 있습니다.

당시 미국의 북부는 공업 지역으로 농업의 비중이 적어서 일찍부터 노예 제도가 사라져 가고 있었어요. 노예는 주로 농장에서 필요했기 때문입니다. 그런데 남부는 면화와 담배 등을 재배하는 대농장이 많았기 때문에 방대한 노예 노동력을 필요로 했고요.

북부는 남부에서 생산되는 농업 생산물을 활용해서 북부의 공장에서 상품을 생산하고 그것을 외국으로 수출하는 방식으로 경제가 운영되기를 원했습니다. 그러기 위해서는 당시 세계 시장을 주름잡고 있던 영국으로부터 미국의 시장을 보호할 필요가 있었고, 그러한 필요 때문에 보호 무역을 주장하게 됩니다.

하지만 남부의 입장에서는 생산력이 월등한 북부와 분리되기를 원하고 있었습니다. 무역의 경우에도 자신의 농산물을 영국으로 수출하고 영국의 공산품을 수입하면 되는 자유 무역을 지지하는 입장이었습니다. 이런 상황 속에서 노예제가 남부와 북부의 갈등의 한 요소가 되었던 것입니다. 그러니까 이 모든 갈등은 노예제 자체에 대한 의견의 차이 때문이 아니라 경제 구조의 차이에서 비롯되었던 것입니다. 결국 인구와 자원과 생산력이 더 높았던 북부의 승리로 남북 전쟁은 마무리되었습니다.

북부 사람들은 착하고 남부 사람들은 나쁜 게 아니라 경제 구조의 차이 때문이네

한 가지 예를 더 들어 보겠습니다. 중국인들은 주변의 유목 민족을 오랑캐라 불렀습니다. 자신들은 문화 민족으로서 중화이고, 주변의 야만인들은 문화적으로 뒤떨어진 오랑캐라는 것이었습니다. 그런데 따지고 보면 두 사회의 결정적인 차이는 경제 구조가 달랐기 때문에 만들어진 것입니다.

자신들을 세계의 중심인 중화라고 불렀던 한족들은 농업을 통해 넉넉한 삶을 유지할 수 있었고, 지식과 학문이 발달했습니다. 하지만 척박한 지역에 살던 유목 민족들은 그 기후 조건 때문에 농업이 불가능했지요. 유목을 통해 살아갈 수밖에 없었고, 늘 부족한 식량 때문에 농경 민족과의 교류가 필수적이었습니다. 이들은 평상시에는 자신들이 생산한 털가죽과 농경민들이 생산한 곡식을 바꿀 수 있었지만 사정이 여의치 않을 때에는 약탈하기도 했습니다. 그리고 늘 이동 생활을 하다 보니 정착 생활을 하는 농경민처럼 학문이 발달하기도 힘들었습니다. 유목민들은 사회 구조도 단순했을 뿐만 아니라 양떼를 몰고 다니면서 수백 권의 책을 지고 다닐 수도 없었을 테니까요.

이처럼 경제 구조의 차이는 문화의 차이와 생각의 차이, 심지어 도덕의 차이를 만들어 냅니다. 남북 전쟁 당시 북부 사람들이 도덕적으로 훌륭하고 남부 사람들은 비도덕적인 사람들이라서 노예제에 대한 생각이 달랐던 것이 아니라 경제 구조가 달랐기 때문에 생각도 달라졌던 것입니다. 중화와 오랑캐의 차이도 결국은 각각의 먹고사는 방식, 즉 경제 구조의 차이에서 발생했던 것입니다. 이처럼 어떤 사회의 경제 구조를 그 사회의 다른 분야와 비교해 보면 더 많은 역사의 비밀을 알 수 있게 된답니다.

6장

시대 구분이
왜
필요할까?

28

스파르타
아이들은 왜 군사 훈련을 받았을까?

'스파르타식 교육'이라는 말은 들어 보았지요? 강압적이고 군국주의식 교육 말이에요. 스파르타 아이들은 일곱 살이 되면 가정을 떠나 국가의 교육장에 들어갔대요. 무서운 감독관 밑에서 엄격한 훈련을 받아 군인이 되었답니다. 이게 다 노예제 때문입니다.

서양사에서 노예제 사회는 그리스 로마 시대에 해당됩니다. 노예제 사회란 노예가 상당히 많고, 노예 노동에 의해 경제가 유지되는 사회를 말하지요. 그리스의 도시 국가인 아테네와 스파르타는 둘 다 노예제를 바탕으로 한 사회였지만 여러 차이점이 있습니다.

아테네는 해양 국가로 경제의 중심이 상공업이었고, 스파르타는 내륙 국가로 농업이 경제의 중심이었습니다. 그러다 보니 아테네는 자유로운 경제 활동이 이루어졌고, 학문과 사상이 발달하고, 민주주의가 출현하였지요. 물론 여성과 노예에게는 해당되지 않는 민주주의였지만 말이죠.

민주정을 채택한 아테네와 달리 스파르타가 귀족정을 유지한 것은 경제 구조가 달랐고 특히 노예의 비중이 높았기 때문입니다. 아테네의 노예 비중은 많아야 50%였던 반면에 스파르타는 반자유민과 국가 소유의 노예를 합친 비중이 90%를 넘는 나라였습니다. 인구의 상당수를 차지하는 노예를 통제하기 위해 스파르타 귀족의 아이들은 어려서부터 30세가 될 때까지 공동생활을 하며

반자유민 스파르타 사회는 시민, 반자유민, 노예로 구성되어 있었다. 이들의 인구 비율을 보면 시민은 6.25%, 반자유민은 31.25%, 노예는 62.5%였다. 노예는 재산을 소유할 수 없었고 반자유민에게는 소유권과 어느 정도의 자치권은 허용되었으나 정치에는 참여할 수 없었다. 시민들은 노동에 종사하지 않고 군사 훈련에 전념하였으며, 이는 오늘날 스파르타식 교육으로 잘 알려져 있다.

엄격한 군사 훈련을 받았어요. 스파르타는 군대를 중심으로 국가를 운영하는 군국주의 시스템을 유지합니다. 이처럼 노예제라는 키워드를 통해 당시 스파르타 사회를 분석하면 그 사회에 대한 이해가 매우 쉬워집니다.

> **노예를 통제하기 위해
> 어린아이들이
> 군대에 가야 하다니...**

한 가지 예를 더 들어 보겠습니다. 로마 제국이 멸망한 원인에 대해 알고 있나요? 그것은 게르만족의 이동 때문이었습니다. 게르만족은 오늘날 독일인들의 조상으로 로마 제국 북쪽에 사는 민족이었습니다. 이들은 주로 사냥과 목축 생활을 했는데 인구가 증가하면서 식량이 부족해졌죠. 게다가 동쪽에서 침입한 훈족의 압박에 밀려 점차 로마 제국 안으로 이주하게 됩니다. 게르만족은 로마 제국 안에서 조용히 농사를 짓거나 군대의 용병으로 취직해서 살아가기도 했지만, 쇠약해진 로마 제국을 휘젓고 다니며 자신들의 왕국을 세우는 등 로마 제국을 무너뜨리기 시작했습니다. 결국 서로마 제국이 이들 게르만족에 의해 멸망당하게 됩니다.

그런데 왜 로마는 북방의 야만족인 게르만족을 막아 낼 수 없을 정도로 약화되었을까요? 여러 가지 이유가 있지만 로마의 경제력이 약해졌기 때문에 군사력도 약해져서 결국 굴복하게 되었다는 설이 가장 유력합니다. 그렇다면 로마의 경제력은 왜 약해졌을까요? 그 이유는 로마 제국 내에서 노예 가격이 비싸졌기 때문입니다. 로마가 워낙 넓은 영토를 차지했기 때문에 더 이상의 전쟁이 없는 평화로운 상태가 되었지요. 그러자 노예 가격이 조금씩 비싸지기 시작했어요. 전쟁을 통해 지속적으로 노예가 공급되어야 하는데 더 이상 정복할 땅이 없을 지경이 되었으므로 노예 공급에 차질이 발생한 것입니다.

이처럼 고대 그리스 로마 시대는 노예제를 통해 쉽게 이해할 수 있고, 그래서 이 시대를 고대 노예제 사회라 정의하는 것입니다.

29

글자를 모르는 왕이 있었다고?

서로마 제국의 멸망으로 고대가 막을 내리고 중세가 시작되었습니다. 중세는 천 년이나 지속되었는데, 학문과 예술이 쇠퇴한 '암흑기'라고도 하죠. 이때는 일반 사람들은 말할 것도 없고, 여러 나라의 왕들도 문맹이 많았다고 하니 참 믿기 힘들죠?

고대가 끝나고 중세가 시작되었다는데, 그렇다면 고대, 중세, 근대라는 말은 언제부터 생겼을까요? 르네상스 시대의 지식인들은 자신들이 살고 있는 시대를 근대라고 불렀습니다. 자신들이 닮고 싶어 했던 그리스 로마를 고대라 불렀고, 고대와 근대의 사이, 즉 중간에 끼어 있는 시대를 중세라 불렀습니다. 인류의 역사를 고대, 중세, 근대의 세 가지 시대로 구분하는 관습은 이때 생긴 것이지요. 이런 식으로 시대를 구분하는 것을 '시대 구분'이라고 합니다. 그런데 왜 시대 구분을 해야 할까요?

어느 사회를 분석할 때 정치, 경제, 사회, 문화의 네 가지 분야로 나누어 살펴보면 그 사회의 특징이 드러납니다. 그런데 이러한 사회의 여러 특징은 서로 영향을 주면서 쉽사리 바뀌지 않는 어떠한 큰 구조로 존재합니다. 그런 구조는 수백 년 혹은 천 년 넘게 지속되면서 사회를 구성하는 원리가 되어요. 그래서 그 시대를 이해하고 설명하는 데 큰 도움이 되는 몇 가지 중요한 개념으로 표현할 수 있게 됩니다. 가장 일반적으로 표현하는 고대, 중세, 근대의 특징은 각각 노예제, 봉건제, 자본제입니다.

그렇다면 중세 봉건제 사회란 무엇일까요? 중세는 봉건제 사회 혹은 농노제 사회라 하는데, 먼저 농노제에 대해 설명하겠습니다. 게르만족의 이동으로 서로마 제국이 멸망한 뒤 게르만족은 수많은 나라를 세웁니다. 그런 나라들은 대개 오래 가지 못했고 이후에 노르만족을 비롯해서 이슬람교도, 마자르족 등등이 분열되고 약해진 유럽을 침략합니다.

유럽 여러 나라의 중앙 정부는 수많은 외침에 시달리면서 제대로 힘을 발휘하지 못합니다. 그러다 보니 농민들은 자신의 땅을 힘 있는 영주들에게 바치고 보호를 요청하게 되었지요. 농민들은 농노가 되어 영주와 그의 부하인 기사들의 보호를 받지만, 농사를 지으며 수확물의 일부를 영주에게 바쳐야 합니다. 영주가 소유한 거대한 농장을 장원이라고 하는데 농노들은 평생 그 장원을 떠날 수 없습니다. 이러한 제도를 농노제라고 합니다.

중세에는 왕이나 영주나 모두 무식했군

봉건제는 영주와 농노의 관계 위에 더 상위의 영주들과 맺는 관계를 말합니다. 중세 때는 다양한 계층의 영주들이 있어서 그 영주의 주인인 영주가 또 있고 가장 최고 단계의 영주는 왕이었습니다. 왕은 중앙 집권적 권력을 누리지 못했고, 각 영주는 독립적이어서 정치권력이 분권화되어 있는 사회였습니다. 따라서 봉건제는 영주가 농노를 지배하는 농노제를 기반으로 하는 제도입니다.

그런데 중세 유럽 사회를 지배했던 영주나 기사들은 싸움만 잘할 줄 알았지 교육을 거의 받지 못했습니다. 당시에는 일반 기사나 영주는 말할 것도 없고 왕들 중에도 문맹이 적지 않았습니다. 그러다 보니 지배자로서의 권위가 잘 서지 않았고, 정신적으로 피지배층을 통제할 사상이나 종교가 필요했습니다.

앞에서 우리는 동아시아의 왕들이 중앙 집권화를 위해, 즉 자신의 권력 강화를 위해 불교를 도입하고 활용했다는 사실을 배웠습니다. 중세 유럽의 지배자들은 크리스트교를 활용했습니다. 자신들이 신에게 인정받은 지배자임을 내세우기 위해 교회를 우대하고 후원했고 그러다 보니 교황의 권력이 왕들을 능가하기도 했습니다. 농노들은 군주들이나 영주, 기사들의 지배를 받았고, 동시에 교회의 지배를 받으며 살아갔습니다.

30

흑사병이 중세 사회를 무너뜨렸다고?

페스트는 페스트균에 의해 감염되는 전염병입니다. 고열과 복통에 시달리다가 피부가 검게 변하며 죽어 가는 질병이라 흑사병이라고도 불리게 되었습니다. 유럽에서 중세가 끝나갈 무렵 이 병 때문에 수천만 명이 사망하게 됩니다. 이렇듯 흑사병은 유럽인들에게 엄청난 재앙이었습니다.

원래 흑사병은 중국 윈난성 지방의 풍토병이었습니다. 그런데 몽골 제국이 동쪽으로는 중국, 서쪽으로는 동유럽까지 진출하는 과정에서 전 세계로 퍼져 나간 것으로 추측되고 있습니다. 페스트균은 벼룩이 쥐를 숙주로 삼아 병을 퍼뜨리는데, 페스트균에 감염된 벼룩이 쥐에 붙어살다가 그 쥐가 죽으면 다른 쥐에게 옮겨 가고, 그러다가 인간에게도 옮아오면 그 사람이 페스트에 걸리게 됩니다.

페스트 즉 흑사병은 이탈리아의 제노바에서 처음 발병해서 전 유럽으로 전파되었는데, 당시 이탈리아가 동양과 무역을 하는 관문이었기 때문입니다. 흑사병 발생 이후 초기 4년간 유럽 인구의 45~50%가 사망한 걸로 추산된다 하니 정말 어마어마한 재앙이 일어난 것이지요.

당시 사람들은 위생 관념이 거의 없었고, 환자를 격리하거나 흑사병이 발병한 지역을 격리하면 된다는 사실도 몰랐습니다. 흑사병이라는 재앙이 닥치자 그들이 할 수 있는 것은 신에게 기도하는 것뿐이었지요. 그래도 병이 수그러들지 않자 수백 명씩 몰려다니며 자신에게 채찍질을 하기도 했습니다. 심지어 모든 잘못은 유대인들에게 있다며 대량으로 학살했고 죄 없는 사람을 마녀로 몰아 처형했습니다.

그 과정에서 많은 사람들이 죽어 갔고 농노들도 예외는 아니었습니다. 그런데 농노들의 수가 줄어들자 그들의 노동력의 가치가 높아져서 예전보다 더 좋은 대접을 받게 됩니다. 원래 농노는 자신이 살던 장원을 떠날 수 없었는데, 흑사병을 피해 다른 지방이나 도시로 도망을 가는 사람들도 많아졌습니다. 이제 땅을 가진 영주가 부하 기사들을 동원해서 농노들을 땅에 묶어 두고 지배하는 중세의 지배 방식이 흔들리기 시작했지요.

영주들이 농노들을 지배하기 위해 동원했던 교회의 권위도 흔들리기 시작합니다. 아무리 기도를 해도 흑사병이 수그러들지 않자 사람들의 신앙

심은 점차 약화되었고, 영주와 교회가 손을 맞잡고 농노들을 지
배하던 중세 봉건제 방식은 흔들리게 되었습니다.

66 인구의 절반이 죽다니 🌿🌿 정말 끔찍한 전염병이야

중세 봉건제 사회가 무너지는 계기가 되었던 사건은 흑사병
외에도 여러 가지가 있습니다. 대표적인 사건으로 십자군 전쟁과
백 년 전쟁이 있는데, 십자군 전쟁은 이슬람교도들로부터 공격을
당하고 있던 동로마 제국을 구하고 크리스트교의 성지인 예루살
렘을 탈환하겠다며 시작된 전쟁입니다.

'성지의 형제들을 구하자'는 교황의 제안에 유럽의 수많은
영주와 기사들, 그리고 평민들까지 호응하였고, 11세기 말부터
13세기 말까지 여덟 차례에 걸쳐 원정을 떠나게 됩니다. 이들은
가슴이나 어깨 혹은 방패에 십자가 표시를 했기 때문에 십자군이
라는 명칭을 얻게 되었습니다. 전쟁의 계기는 교황의 종교적인 호
소였지만 당시에 유럽 인구가 늘어나서 토지가 부족했고, 점차 팽
창하고 있던 유럽이 이슬람 세계로까지 영역을 확대하려 했던 것
입니다.

유럽인들의 대규모 침략은 결국 실패로 돌아갔고 그 과정에
서 수많은 영주와 기사들이 목숨을 잃게 됩니다. 하지만 그로 인

해 중세 봉건제 사회는 흔들리게 되었습니다. 왜냐하면 중세를 지배하던 양대 세력인 교회와 영주들이 약화되었기 때문입니다. 종교적인 호소로 시작한 전쟁은 약탈 등 탐욕의 형태로 진행되었고 그나마 성공하지도 못해서 교회와 교황의 권위가 떨어졌고, 수많은 영주와 제후, 기사들이 몰락하였답니다.

'파트라슈가 유럽의 역사를 알려 준다고?' 편에서 백 년 전쟁에 대해 잠시 알아보았죠? 백 년 전쟁은 영국과 프랑스가 플랜더스 지방을 차지하기 위해 일으킨 전쟁으로 수많은 영주와 기사들이 몰락합니다. 영주와 기사들은 중세의 지배층이었고 그러다 보니 봉건제가 무너지게 되었던 것입니다.

31

나폴레옹의 키가 작지 않았다고?

'나의 사전에 불가능이란 단어는 없다'라는 유명한 말을 남긴 나폴레옹을 잘 알죠? 나폴레옹은 유럽을 제패한 황제였으나 키가 매우 작았다고 알려져 있는데 실은 키가 작지 않았고, 오히려 큰 편에 속했다는 얘기도 있습니다. 대체 어떻게 된 일일까요?

나폴레옹은 키가 157cm 정도밖에 안 됐다고 하는데, 실제로는 그렇게 작은 키가 아니었다는 주장도 있습니다. 나폴레옹의 키가 작다는 소문이 난 것은 프랑스와 영국의 길이 단위가 달랐기 때문인데, 제대로 환산하면 167.6cm라고 합니다. 당시 프랑스 성인 남성의 평균 신장이 164cm였으니 절대 작은 키가 아니고 오히려 큰 키라는 것입니다.

그럼에도 불구하고 작은 키로 소문난 이유는 나폴레옹 주변의 인물들이 워낙 키가 컸기 때문이랍니다. 황제의 근위병들은 대부분 180cm가 넘는 큰 키였기 때문에 나폴레옹이 상대적으로 작아 보일 수밖에 없었다는 것이죠.

그런데 나폴레옹은 당시 기준으로 작지 않았다는 것이지 지금 기준으로는 작은 편입니다. 요즘 프랑스 남성의 평균 신장은 176cm가 조금 넘거든요. 나폴레옹은 19세기 초 인물인데 200년간 프랑스인의 키가 12cm나 큰 셈입니다. 대체 그동안 무슨 일이 있었던 걸까요?

답은 바로 '생산력'입니다. 그동안 프랑스인들이 잘 먹고 잘 살아서, 즉 생산력이 증대되었기 때문에 키가 더 커진 것이죠. 생산력이 커진 것은 이해가 되는데 왜 그렇게 급속하게 커진 것일까요? 인류의 역사상 생산력을 가장 비약적으로 향상시킨 사건은 무엇일까요? 바로 산업 혁명입니다. 산업 혁명은 18세기 후반 영국에서 시작되어 전 세계로 전파되었고, 공장에서 기계를 이용한 대량 생산으로 인류의 생산력이 비약적으로 증대되었습니다. 생산력의 증대로 산업 혁명 이후 인류는 수명도 길어지고 키도 많이 커졌지요.

나폴레옹은
'작은 고추가 맵다'라는 말에
어울리는 영웅이었는데...

산업 혁명이 가능했던 것은 시민 혁명의 힘이 컸습니다. 시민 혁명이란 시민 계급인 상공업자들이 중심이 되어 온갖 특권을 누리고 있던 왕과 귀족들의 힘을 약화시키고 자신들이 주도하는 세상을 만든 혁명을 말합니다. 1688년 영국의 명예혁명이나 1789년 프랑스 대혁명이 대표적인 시민 혁명입니다.

시민 혁명의 결과 영국은 자기 맘대로 국가를 통치하던 제임스 2세의 권력을 약화시켜서 의회의 의견을 잘 따르는 왕, 헌법에 의해 통치하는 왕으로 만들어 버렸고 '입헌 군주제'라는 정치 체제를 만들었습니다. 프랑스는 전제 군주였던 루이 16세를 처형하고 아예 왕이 없는 '공화정'이라는 정치 체제를 탄생시켰습니다.

명예혁명이나 프랑스 대혁명을 통해 시민 계급인 상공업자들이 얻은 것은 무엇이었을까요? 바로 자유였습니다. 왕이 제멋대로 백성들을 잡아가거나 벌을 내리지 못하게 하고, 마음대로 정치적인 집회를 열 수 있는 집회·결사의 자유, 신문이나 출판물을 만들 수 있는 언론의 자유뿐 아니라 자유로운 경제 활동을 할 수 있는 경제적 자유도 얻었습니다. 시민 계급인 상공업자들을 프랑스어로 부르주아라고 부르는데, 시민 혁명이란 바로 부르주아의

정치적, 경제적 자유를 획득한 혁명이었던 것입니다.

시민 혁명에 의해 자유로운 경제 활동, 즉 자유롭게 돈을 벌 수 있는 사회 구조를 만들어 낸 부르주아는 산업 혁명을 통해 이 시대 최고로 성공한 지배 계급이 되었습니다. 그러므로 부르주아는 시민 혁명을 통해 산업 혁명의 기반을 닦았다고 볼 수 있습니다.

한편 영국의 명예혁명이 프랑스보다 한 세기나 빨랐지만 프랑스 대혁명이 전 세계에 끼친 영향이 훨씬 더 컸습니다. 왜냐하면 나폴레옹이 전 유럽을 점령하면서 프랑스 대혁명의 성과인 정치, 경제적 자유의 정신이 전파되었고, 유럽 각지에서 프랑스 대혁명과 같은 혁명이 일어났기 때문입니다. 이러한 시민 혁명은 산업 혁명의 토대가 됩니다. 이후 전 세계가 유럽의 영향을 받아 비슷한 역사적 경험을 하게 됩니다. 이런 과정을 통해 근대 세계가 완성되었습니다. 시민 혁명과 산업 혁명이라는 두 가지 혁명이 근대를 완성했기 때문에 '이중 혁명'이라는 용어로 표현하기도 합니다.

32

한국인은 영국인과 조선인 중 누구와 더 비슷할까?

한국인은 200년 전 영국인과 조선인 중 누구와 더 비슷할까요? 영국인과 한국인은 인종이 다르니 얼굴 생김새는 많이 다를 것입니다. 하지만 현재 한국인은 200년 전 조선인보다는 영국인과 더 비슷합니다. 생김새를 제외하고 정치, 경제, 사회, 문화 모든 면에서 말이죠. 어떻게 그럴 수 있을까요?

결론부터 이야기한다면 200년 전 영국은 근대화된 사회였지만 조선은 아직 근대 사회가 아니었기 때문입니다. 1817년에 영국인들과 조선인들은 어떻게 살고 있었을까요?

먼저 영국은 1688년에 명예혁명이 일어나 입헌 군주국이 되었습니다. 이제 정치권력은 왕으로부터 부르주아에게 옮겨졌고 부르주아는 자신의 정치권력을 바탕으로 경제적 자유를 추구하였고, 그 결과 산업 혁명을 통해 막대한 부를 축적하게 됩니다. 1817년은 그러한 산업 혁명이 한창 진행되던 해였습니다.

영국은 근대 사회가 되어 가고 있었고, 오늘날 한국인들이 살아가는 모습과 별로 다를 것이 없었습니다. 정치적으로 의회 중심의 입헌 정치가 시행되고, 경제적으로 자본주의가 심화되고, 농업보다 상공업의 비중이 높아졌으며, 사회적으로 신분제가 사라졌고, 문화적으로 개인주의와 합리적 사고가 확대되고 있었지요.

그러면 1817년에 조선은 어떤 상황이었을까요? 1817년은 정조 임금 다음인 순조가 집권하는 시기입니다. 세도 정치와 봉건 왕조의 모순이 심화되던 시기였습니다. 세도 정치란 왕실의 친척들이 권력을 휘두르는 것을 말합니다. 이때는 왕비의 친정인 외척들이 정부의 주요 직책을 장악하고 중앙과 지방의 인사권을 마음대로 행사해서 뇌물과 부정부패가 극에 달했습니다.

시대 구분을 하면 역사가 훨씬 쉬워

중세가 봉건제 사회였다는 사실을 기억하죠? 비록 조선은 유럽 중세와 같은 봉건제, 즉 장원의 소유자인 영주가 농노를 지배하는 형태의 봉건제가 존재하지는 않았지만 토지 소유자들이 지배 계급이 되어 농민들을 착취하는 형태는 비슷했습니다. 그래서 봉건제가 있든 없든 근대 이전 시기는 전근대 시대 혹은 봉건 시대라고 합니다. 조선은 그러한 봉건 왕조 시대였습니다.

그 당시 조선에는 서양의 근대적인 문물이 조금씩 도입되고 있었습니다. 하지만 조선의 지배층들은 자신의 지배력이 약화되는 것이 두려워 서양 문물의 도입을 거부했지요. 90%가 넘는 사람들이 농업에 종사하고 있었으며, 정치는 왕과 소수의 양반 그중에서도 왕의 외척들이 장악하고 있었습니다. 유교 윤리가 생활의 중심이었고 지역 간 교류도 거의 없어서 대부분의 사람들은 자신이 태어난 동네를 벗어나지도 못했습니다. 근대화된 사회와 그렇지 않은 사회의 모습은 이렇게 큰 차이를 보입니다.

근대화된 사회와 그렇지 않은 사회는 현격한 국력의 차이를 만들어 냅니다. 청일 전쟁에서 일본이 승리했다는 사실을 알고 있지요? 영토와 인구를 비교하면 상대가 되지 않는 두 나라 간의 싸움에서 소국인 일본이 이길 수 있었던 이유는 무엇이었을까요? 그것은 일본이 근대화되었기 때문입니다. 일본은 메이지 유신을 통해 신분제가 철폐되고 합리적인 사회 제도와 교육 제도를 운영하여 국가에 대한 국민들의 충성심이 높아진 상황이었지만 청나라는 여전히 봉건 왕조 국가였습니다. 그러다 보니 규모 면에서는 비교가 되지 않던 일본이 전쟁에서 승리했던 것입니다.

자, 이제 왜 시대 구분이 필요한지 알게 되었나요? 고대와 중세 및 근대로 구분하는 시대 구분을 해서 그 시대의 특징을 이해하게 되면 역사 이해가 훨씬 쉬워집니다. 역사 공부는 몇 년도에 어떤 사건이 있었다는 것을 맹목적으로 암기하는 것이 아니라 인류의 삶의 큰 흐름을 살펴보고 이해하는 것인데 그러기 위한 매우 유용한 도구가 바로 시대 구분입니다. 시대 구분은 한

시대를 좀 더 일반화된 모습으로 파악할 수 있게 도와줍니다.

특히 우리는 근대 사회에 대해 이해하는 것이 중요합니다. 근대는 바로 우리가 살아가고 있는 시대의 기반이 되기 때문이고, 근대 사회가 형성되는 과정을 잘 살펴보면 우리 사회의 문제점과 해결 방향에 대해서도 알 수 있기 때문입니다.

7장

더 나은
세상을
만들고 싶다고
?

딸도 재산을 상속받고 제사를 지냈다고?

역사는 현대 사회에 도움을 줄 수 있을까요? 고려 시대에 양성 평등의 사례가 있었다는 것을 알고 있나요? 과거는 오늘날과는 사회 구조가 많이 다른데 어떻게 오늘날에 적용할 수 있을까요?

역사가 교훈을 줄 것이라는 생각을 '교훈적 역사관'이라고 합니다. 교훈적 역사관을 갖고 있었던 대표적인 역사학자로 공자가 있습니다. 공자는 유학자로 알려져 있는데 당시에는 역사학자가 따로 없었고 공자도 『서경』과 『춘추』라는 역사책을 썼기 때문에 역사학자로 분류할 수 있을 것입니다. 공자가 이상적으로 생각한 시대는 주나라였습니다. 공자는 주나라를 교훈 삼아 사회 체제와 도덕을 만들어 가야 한다고 주장했습니다.

『사기』를 쓴 사마천도 교훈적 역사관의 소유자였습니다. 사마천이 『사기』에서 가장 공을 들여 서술한 내용은 주로 왕에 대한 것이었습니다. 사마천은 덕이 많고 능력 있는 건국자, 쇠퇴해 가는 왕실을 부흥시킨 현명한 임금, 그리고 포악하고 타락한 최후의 군주 등이 반복해서 나타나는 것으로 역사를 설명합니다. 역사란 끊임없이 성장하는 것이므로 과거에 아무리 훌륭한 시대가 있었다 할지라도 그 시대로 복귀할 수는 없고, 그 시대의 훌륭한 도덕적 가치를 배워 오늘날에 적용해야 한다고 주장했습니다. 역사 학습을 통해 참고할 만한 것을 알 수 있게 된다는 것이지요.

예를 들어 양성평등 문제를 살펴볼까요? 조선 시대에는 '마누라와 북어는 사흘에 한 번씩 패야 한다'라는 말이 있을 정도로 여성에 대한 차별이 심했습니다. 북어란 말린 명태인데 요즘에는 잘게 찢어진 형태로 팔아서 편리하지만 예전에는 명태를 통째로 말린 통북어를 팔았답니다. 통북어로 요리를 하려면 방망이로 두들겨 패서 부드럽게 해야 했지요. 그런데 남편이 아내를 그런 식으로 두들겨 패야 아내가 남편에게 고분고분해진다는 매우 야만적인 표현입니다. 요즘에야 그런 행동을 하면 당장 폭력범으로 체포될 것이고, 그런 표현을 하면 무식하고 야만적인 사람으로 취급당할 것입니다.

역사는 우리에게 중요한 교훈을 준다

이런 말은 과거의 유물처럼 들리지만 아직도 한국 사회의 남성과 여성은 평등하지 못한 상황입니다. 여성 국회 의원 비율이나 대기업 임원 비율을 보면 쉽게 알 수 있지요. 우리나라 여성들은 원래부터 낮은 위치에 있었을까요? 과거의 역사에서 여성의 지위가 그렇게 낮은 것이 아니었다는 사례는 무엇이 있을까요?

한국사에서 양성평등의 사례로 가장 많이 언급되는 것은 고려 시대부터 조선 시대 초기까지 딸도 아들과 마찬가지로 부모의 재산을 상속받고, 제사도 돌아가면서 지냈던 것입니다. 조선 후기에는 유교의 영향력이 강해져서 장남에게만 부모의 재산이 상속되고 장남만 제사를 지내게 됩니다. 이처럼 역사 속에는 여성의 지위 향상을 위해 도움을 받을 만한 이야기가 많이 있습니다.

한편 역사는 부정적인 측면의 사례를 통해서도 우리에게 교훈을 줍니다. '다크 투어리즘(Dark Tourism)'이라는 용어가 있습니다. 다크 투어리즘은 재해나 전쟁으로 발생한 인류의 죽음이나 슬픔을 대상으로 하는 관광을 말하는데, 우리말로는 '역사 교훈 여행'이라고 합니다. 대표적인 역사 교훈 여행 장소로 서대문 형무소가 있습니다. 서대문 형무소에는 일제 강점기 때 독립투사들이 수감되었을 뿐만 아니라 해방 이후 민주화 운동에 헌신한 사람들도 갇혀 있었습니다. 한국 근·현대사의 고난과 아픔이 서려 있는 장소라 할 수 있지요.

이처럼 우리는 과거를 살펴봄으로써 현실을 더 잘 이해할 수 있을 뿐만 아니라 현실 문제를 해결하기 위한 힌트를 얻을 수 있습니다. 과거는 현재의 거울이기 때문입니다. 아무리 세상이 변했어도 현재는 과거 인간의 행위에 의해 만들어졌기 때문입니다.

영웅이 아니라 민중이 변화를 만들었다고?

역사는 누가 만들었을까요? 역사가들이 만들었다고요? 역사가들은 역사적 사실 중 가치 있어 보이는 것을 기록한 것이지 역사적 사실 자체를 만들어 낸 사람은 아닙니다. 그렇다면 누가 역사를 만들었을까요?

역사책을 보면 거의 지배층 남성들만 등장하지요. 그렇다면 우리 역사는 지배층 남성들끼리만 만들었을까요? 세상의 절반인 여성은 아무 역할도 안 했을까요? 대부분의 인구를 차지했던 피지배 민중들은 아무런 일도 하지 않았을까요? 절대 그럴 리가 없지만 역사를 서술한 사람들이 지배층 남성이었기에 그들 위주의 역사 서술만 남은 것이라고 앞에서 배웠습니다.

오늘날 역사학자들은 지배층 남성이 아닌 사람들이 역사 속에서 했던 일들을 찾아내는 데 노력을 기울이고 있어요. 역사의 한 자락에 이름을 남긴 평민들도 있지만 대개는 이름 없이 역사 변화에 기여한 바가 크답니다.

예를 들어 조선 시대 신분제의 철폐 과정에 대해 알아보겠습니다. 조선 시대에 노비는 많게는 전 인구의 30%까지 차지했었죠. 정조 때 도망 노비를 체포하고 처벌하는 '노비추쇄법'이 폐지되었고, 순조 때 왕실 소속의 공노비가 해방되었으며, 고종 때인 1894년 갑오개혁으로 개인이 소유한 노비인 사노비를 비롯한 모든 노비가 해방되었습니다.

그런데 지배층 남성 위주로 역사를 본다면 정조와 순조, 그리고 고종이 노비를 해방시킨 영웅입니다. 미국의 노예 해방과 관련해서 링컨의 이름만을 기억하는 것처럼 말이죠. 하지만 순조가 공노비를 해방한 것은 세금을 내는 양인의 수를 늘리기 위해서였습니다. 조선 후기로 갈수록 양반의 수가 늘어나게 되는데 양반과 노비는 세금을 내지 않기 때문에 순조는 노비의 일부를 해방해서 과세 대상자를 늘린 거지요. 그렇다면 조선의 노비 해방 과정이 전적으로 눈에 보이지 않는 경제 구조의 문제 때문이었을까요?

❝❝ 평범한 보통 사람들이 역사를 만든다

노비 해방의 주역은 노비입니다. 노비들이 끊임없이 도망을 가고 주인에게 노동력이나 물건을 바치는 신공을 제대로 내지 않았기 때문입니다. 주인들이 골치가 아프지 않았다면 노비는 절대 해방되지 않았을 것입니다. 한마디로 노비의 관리 비용과 부담이 증가했기 때문에 이런저런 이유로 노비를 해방했던 것이지, 가만히 있었다면 해방되었을 리가 없었겠지요.

동학 농민 운동 때에도 수많은 노비와 천민들이 농민군에 합류하여 부패한 정권에 맞서 싸웠습니다. 갑오개혁 때 신분제가 철폐된 것도 동학 농민 운동이라는 거대한 민중 운동이 벌어졌기 때문입니다. 동학 농민 운동 당시 농민들은 노비 문서를 소각하고 천민에 대한 차별을 철폐하라는 요구를 하였고, 조선 정부는 이를 받아들이지 않을 수 없었던 것이지요. 이처럼 거대한 변화는 몇몇 영웅과 지배층보다는 이름 없는 민중들이 만들어 낸 경우가 많습니다.

지금까지 우리는 평범한 보통 사람들이 역사를 만들어 왔다는 사실을 알게 되었습니다. 아무리 우거진 숲이라 할지라도 여럿이 지속적으로 걸어 다니다 보면 길이 생깁니다. 소소하게는 우리 10대들이 쓰는 일기와 SNS 및 블로그가 역사 서술의 소재가 될수도 있고, 우리의 행동들이 모여 거대한 사회 변화의 원동력이 될 수도 있지요. 그런 의미에서 '우리가 가는 길이 역사다'라는 인식이 필요합니다. 다시 말해 우리 모두가 역사의 주체가 될 수 있어요.

35

우리가 풀어야 할 역사의 숙제는?

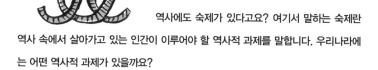

역사에도 숙제가 있다고요? 여기서 말하는 숙제란 역사 속에서 살아가고 있는 인간이 이루어야 할 역사적 과제를 말합니다. 우리나라에는 어떤 역사적 과제가 있을까요?

역사가 어떠한 목적지를 향해 나아가는 것인지 아니면 반복되는 것인지, 그것도 아니면 그저 흘러가는 것인지에 대해 많은 생각들이 있었습니다. 그런데 근대 사회에 접어들면서 대개는 역사가 점점 발전 혹은 진보한다는 생각을 갖게 되었습니다. 역사가 어떤 목표를 향해 일직선으로 발전한다는 생각은 크리스트교의 종말론에서도 나타나고, 헤겔이나 마르크스의 역사관에서도 나타납니다.

하지만 제1, 2차 세계 대전을 통해 엄청난 재앙과 파괴를 경험한 인류는 역사가 진보한다는 생각에 대해 회의적인 입장을 취하게 되었습니다. 그래서 오늘날에는 모든 사람들이 역사가 진보한다고 믿는 것은 아닙니다. 그럼에도 불구하고 누구나 더 나은 세상에서 살고 싶다는 욕망은 가지고 있고, 그런 세상을 만들기 위해 노력해야 한다는 점은 인정할 수밖에 없을 것입니다.

더 나은 세상을 만들기 위해서는 어떤 노력이 필요할까요? 그동안 인류가 노력한 것이 무엇인지 알아보고, 완성하지 못한 부분이 있다면 그것을 마무리하면 되겠지요. 다시 말해 인류의 역사 발전의 과제가 무엇인지 파악하고, 다하지 못한 과제를 해내면 됩니다. 그렇다면 인류가 이루려 했던 과제는 무엇일까요? 특히 한국인들은 어떤 사회를 만들기 위해 노력해 왔을까요?

그러한 노력은 근대화 과정을 살펴봄으로써 알 수 있습니다. 앞에서 살펴보았듯이 서양은 시민 혁명과 산업 혁명이라는 두 가지 혁명에 의해 근대화를 달성했습니다. 시민 계급은 시민 혁명을 통해 자유주의라는 정치 시스템을 만들어 냈고, 산업 혁명을 통해 놀라운 생산력의 발전을 이뤄 냈습니다. 시민 계급은 정치적 자유와 경제적 자유를 얻게 되었지요.

그런데 이러한 두 가지 혁명을 달성한 유럽은 자신들의 경제적인 이득을 위해 전 세계를 정복하고 지배하기 시작했습니다. 이것을 제국주의라고 하는데, 조선에도 서양의 온갖 제국이 침략을 했습니다. 조선인들은 서양의 지배에서 벗어나기 위해서는 그들의 시스템을 받아들일 수밖에 없다는 것을 깨닫게 됩니다. 서양을 미워하지만 그들을 닮아 가야 그들로부터 벗어날 수 있는 상황이 된 것이죠. 독립 협회의 활동이나 일제 강점기 실력 양성 운동은 바로 서양을 닮아 가기 위한 노력이었습니다. 그러한 역사적 경험 때문에 우리는 지금도 서양인 닮기라는 욕망에서 벗어나지 못하고 있습니다.

조선을 침략한 제국들 간의 경쟁에서 최후의 승리자가 된 일본은 결국 1910년 조선을 병합하고 35년간 강점을 하게 됩니다. 일본이 제2차 세계 대전에서 미국과 소련을 중심으로 하는 연합군에게 패배하고, 우리 민족 구성원들의 치열한 저항에 힘입어 우리나라는 1945년 일본 제국주의의 강점에서 벗어나게 되었습니다. 하지만 강점에서 벗어났다고 해서 역사적 과제가 모두 해결된 것은 아니었습니다. 조선이 일본의 지배를 받게 된 것은 일본과 같은 강력한 근대 국가가 되지 못했기 때문인데, 근대 국가는 시민혁명과 산업 혁명을 통해 완성되기 때문입니다.

우리가 더 나은 세상을 만들자!

한국은 해방 후 산업화를 달성하기 위해 노력해 왔습니다. 온 국민이 힘을 모아 경제는 성장했지만, 불평등이 깊어졌습니다. 한국은 경제 협력 개발 기구(OECD) 34개국 가운데 미국 다음으로 임금 격차가 큰 국가입니다(2016년). 정치적으로는 이승만, 박정희 독재 정권이 오랜 기간 지속되었습니다. 온 국민이 거리로 나선 1987년 6월 민주 항쟁 이후 민주화 시대를 맞이했지만 아직도 우리의 민주주의는 갈 길이 멀답니다. 지금 한국인들에게 주어진 역사적 과제는 빈부 격차를 해결하여 경제 민주화를 이룩하는 것이라 할 수 있습니다.

36

이라크가

세계 최초의

선진국이라고?

여러분은 오늘날 세계 최고의 선진국이 어디라고 생각하나요? 경제력과 군사력이 세계 1위인 미국? 아니면 복지 제도가 잘 되어 있어서 삶의 질이 최고인 북유럽의 노르웨이나 덴마크? 현재 세계 최고의 선진국에 대한 답은 기준에 따라 여러 가지가 나오겠지만 세계 최초의 선진국은 한 나라밖에 없습니다. 바로 이라크입니다.

사실 이라크가 세계 최초의 선진국이었다고 말하는 것은 문제가 있습니다. 왜냐하면 이라크는 수천 년 전부터 있었던 나라가 아니라 20세기 초반 오스만 튀르크로부터 독립한 나라이기 때문입니다. 따라서 이라크가 아닌 오늘날 이라크가 있는 지역에 세계 최초의 선진국이 있었다는 뜻으로 이해하면 되겠습니다.

세계 최초의 문명인 메소포타미아 문명은 기원전 3000년경 오늘날의 이라크 남부 지역에 도시 국가들이 출현하면서 시작되었습니다. 이라크 지역은 '역사가 시작된 땅'이라 할 수 있습니다. 왜냐하면 메소포타미아 문명을 건설한 수메르인들은 세계 최초의 문자인 쐐기 문자를 사용했기 때문입니다. 문자로 기록된 시대를 역사 시대, 그 이전을 선사 시대라 부르니까요.

수메르인들은 세계 최초로 운하와 수로, 쟁기 등 농업과 관련된 중요한 시설과 물건을 발명했고, 세계 최초로 유리와 청동기를 사용했습니다. 그들이 사용하던 60진법은 오늘날까지도 각도와 시간의 기본 단위로 남아 있습니다. 따라서 지구에 살고 있는 사람 중에 메소포타미아 문명의 영향을 받지 않은 사람은 단 한 명도 없습니다.

이라크가 독립하기 전 소속되어 있던 오스만 튀르크는 제1차 세계 대전 이후 몰락하기 전까지 유럽과 비교했을 때 전혀 손색이 없을 뿐만 아니라 유럽인들에게 많은 문물을 전파한 선진국이었습니다. 오스만 튀르크는 튀르크인이 세웠지만 주요 민족인 아랍인들은 유럽 역사, 나아가 세계 역사에 중요한 영향력을 발휘합니다. 우리가 사용하는 숫자는 아라비아 숫자로 아랍인들이 세계에 전파한 것입니다. 근대 유럽 과학은 아랍의 과학에서 한 수 배운 것이고요. 화학 및 수학과 관련한 용어 중 '알'로 시작하는 단어는 거의 다 아랍어에서 유래했습니다.

중동이 아니라 서아시아야

한편 베트남은 어떤가요? 베트남은 세계에서 가장 끈질기고 용감한 사람들이 살아온 지역입니다. 베트남은 중국 한나라 무제 때 중국에게 정복당해 오랫동안 지배를 받았지만 끊임없이 저항을 하다가 기어이 1000년 후 독립을 이루게 됩니다. 그리고 세계를 정복했던 몽골의 침략을 세 번이나 물리쳐서 결국 몽골 제국에 정복당하지 않았습니다.

한편 근대에 이르러 프랑스에 강점되었던 베트남은 스스로의 힘으로 프랑스와의 전쟁에서 승리하여 독립했고, 그 뒤를 이어

들어온 세계 최강대국 미국과의 싸움에서도 승리하였습니다. 베트남 사람들의 끈질긴 의지가 정말 놀랍지 않나요?

　이라크와 베트남 사람들이 정말 대단한 역사를 갖고 있다는 이야기를 이렇게 길게 한 이유가 있습니다. 우리가 타 지역의 역사를 잘 알게 되면 현실 속에서도 그들을 잘 이해하고 협력할 수 있기 때문입니다. 베트남에 한국 기업이 많이 진출해 있는데, 베트남 노동자들을 그저 임금이 싼 저임금 노동력으로만 보는 기업과 그들의 역사를 존중하고 그들의 문화를 잘 이해하는 기업 중 어느 기업이 더 성공적으로 베트남에서 활동할 수 있을까요?

　그런 점은 흔히 '중동'으로 잘못 알려져 있는 서아시아 지역에 대해서도 마찬가지일 것입니다. '중동'은 과거 유럽인들이 자신들과 가까운 오스만 튀르크가 있는 지역을 '근동'이나 '중동'으로 불렀던 습관이 지금까지 이어진 것으로 매우 서양중심적인

용어입니다. 오늘날에는 '서아시아'로 부르는 것이 일반적입니다. 이런 용어 하나를 잘 알고 사용하는 것도 서아시아 지역 사람들을 이해하는 기본적인 출발점이 될 것입니다.

　이처럼 역사를 통해 우리는 나뿐만 아니라 타인, 나아가 타민족을 이해할 수 있게 되고 이러한 이해를 통해 갈등과 대립보다는 상호 이해와 협력을 추구할 수 있게 됩니다. 다시 말해 역사는 평화로운 세계를 만들어 나갈 수 있게 해 주는 셈이지요.

8장

역사 공부
잘하고 싶니
?

37

역사에도
공식이 있다고
?

676년

발해건국

698년

1392년

조선건국

통일신라

180

HISTORY

수학을 잘하기 위해서는 인수 분해 공식이나 근의 공식처럼 반드시 알아야 하는 공식이 있잖아요. 역사에도 그런 공식이 있을까요? 역사는 인간 사회와 문화에 대한 기록이기 때문에 자연 과학에 사용하는 공식이나 법칙은 없답니다. 하지만 알아 두면 편리한 역사학의 틀과 개념은 있어요.

이제부터 역사 공부 방법에 대한 이야기를 시작해 볼까 합니다. 역사는 수많은 사실들로 구성되어 있어요. 그런데 모든 사실이 역사책에 기록되지는 않습니다. 역사가들이 중요하다고 판단한 사실들만 역사책에 기록합니다.

기록을 할 때 무의미하게 나열하는 것이 아니라 범주화된 지식으로 정리해서 기록합니다. '범주'란 '같은 특성을 지닌 범위'라는 뜻인데, 역사를 지역별로 서술하거나 시기별, 혹은 국가별로 서술하는 것을 말합니다. 역사 지식을 정리하는 일종의 '틀'을 의미하지요.

예를 들어 초등학교에서는 한국사만 공부하고 중학교에서는 한국사와 세계사를, 그리고 고등학교에서는 한국사, 동아시아사, 세계사를 공부합니다. 이것은 지역에 따른 범주의 사례일 것입니다. 또한 그 안에서도 시대별로 범주화를 할 수 있습니다. 한국사의 경우 삼국 시대, 고려 시대, 조선 시대 등 왕조의 명칭에 따라 정리할 수 있고 실제로 교과서도 그렇게 구성되어 있습니다. 하지만 꼭 왕조별로 정리하는 방법만 있는 것은 아닙니다. 서양사의 경우 고대, 중세, 근대 등의 시대별로 나누어 살펴보는 방법도 있습니다.

한편 한 국가나 왕조 혹은 시대는 수많은 이야기로 구성되어 있습니다. 그렇다면 우리는 그 많은 내용을 어떻게 학습할 수 있을까요? 역사 교과서는 대개 한 시대나 왕조 내의 지식을 정치, 경제, 사회, 문화의 네 가지 측면에서 분석해서 정리하는 경향이 있습니다.

따라서 우리는 역사 공부를 할 때 '이 시대의 정치는 어떻고 경제는 어떠하였으며 사회나 문화에 관한 내용은 무엇이다'라는 식으로 정리해서 기억해야 합니다. 우리의 뇌는 복잡한 것보다는 간결하고 정리가 되어 있는 지식을 더 잘 기억하기 때문입니다.

이런 범주 혹은 틀은 어느 책에나 있는 차례에 다 나옵니다. 차례에 나온 소제목들은 본문에 다시 등장하고요. 그런데 우리는 차례나 제목을 무시하고 책을 읽는 경향이 있지요? 역사책의 제목과 본문은 질문과 답변에 해당합니다. 제목을 무시하고 본문만 읽어 나가면 내가 왜 이런 내용을 읽고 있는지 알 수 없는 상태가 되는 것이지요. 따라서 역사 학습의 기본은 제목을 기억하고 있는 상태에서 본문의 내용을 이해하는 것입니다.

한편 알아두면 편리하게 역사를 이해할 수 있는 개념들도 있습니다. 앞에서 살펴봤던 '대통령보다 아이돌?'이라는 글 기억나죠? 거기서 우리는 자본주의의 특징에 대해 알게 되었고 자본주의 사회의 변동에 따라 우리의 꿈도 변했다는 사실에 대해 알아보았어요. 이처럼 자본주의라는 개념을 알면 역사를 쉽게 이해할 수 있습니다.

'다리 짧은 것이 자랑인 시절이 있었다고?'에서는 신분제 사회와 근대화라는 개념이 등장했습니다. 일반적으로 학생들은 이런 개념이 나오면 그냥 암기를 해 버립니다. 하지만 이런 개념들은 단순한 단어가 아니라 역사를 이해하는 주요 개념이기 때문에 꼭 제대로 이해하고 다른 내용을 읽을 때에도 적용해야 합니다.

이를테면 조선 시대의 신분제 사회를 공부할 때 '조선 시대는 양인과 천민으로 구성되어 있었고, 양인 내에서도 사농공상의 구별이 있었다'라는 구절을 읽게 됩니다. 이때 '양인과 천민', '사농공상'에 밑줄을 긋고 그냥 암기하는 것이 아니라 '그렇다면 삼국 시대의 신분제는 어땠지? 맞아, 골품제가 있었지! 그 내용이 뭐였더라?'라는 식으로 의문을 갖고 그 내용을 정리하는 방식입니다.

선생님들은 질문을 많이 하는 학생을 좋아합니다. 해당 과목에 관심이 많은 학생이 질문도 많이 하니까요. 범주화를 하고 개념화를 하며 공부하는 학생은 질문이 많을 수밖에 없지요.

골품제 골품제는 신라 시대의 신분 제도로서 개인의 혈통에 따라 '골'과 '품'으로 등급이 나뉘어졌다. 성골과 진골인 '골' 신분과 6두품부터 1두품까지 여섯 등급의 '두품' 신분이 있다. 6두품이 가장 높고, 1두품이 가장 낮으며, 그 아래에 평민이 있다. 어느 신분에 속하느냐에 따라 정치적인 출세뿐 아니라 집의 규모, 의복의 빛깔 등 여러 가지 제약이 가해졌다.

예를 들어 구석기 시대의 특징은 '뗀석기의 사용, 무리 생활, 이동 생활, 원시 공동체 사회, 매장 풍습, 동굴 벽화, 수렵과 채집' 등의 키워드로 정리할 수 있습니다. 대개 학생들은 이런 단어를 무작정 암기합니다. 하지만 구석기 시대의 특징을 정치, 경제, 사회, 문화의 네 가지 분야에서 정리하면 각각의 분야에 해당하는 키워드가 나옵니다.

범주와 개념을 알면 역사가 쉽다

일단 경제 분야는 먹고사는 것과 관련된 내용이므로 '뗀석기의 사용, 수렵과 채집' 등이 해당됩니다. 구석기 시대는 평등한 '원시 공동체 사회'의 특징을 갖고 있고요. '매장 풍습'은 사후 세계에 대한 관념 즉 종교적 관념이 생긴 것인데 종교는 문화에 해당됩니다.

그렇다면 정치 분야에 해당되는 내용은 없을까요? 정치란 국가나 정부의 활동 혹은 어떤 사회 내의 권력 관계를 의미하는데, 구석기 시대는 국가도 없고 권력 관계도 없으므로 정치 활동도 당연히 없습니다. 이런 깨달음을 스스로 터득할 수도 있고 고민하다가 선생님에게 질문을 해서 알아낼 수도 있지요.

선생님께 질문한다면 '구석기 시대는 생산력이 낮아서 아직 계급이 발생하지 않은 평등한 사회이므로 정치 활동이 없었다'라는 설명을 듣게 될 것입니다. 우리는 앞에서 계급이라는 개념에 대해 배웠죠? 그 개념을 여기서 또 활용하게 되었네요. 이처럼 범주화를 통해 내용을 정리하다 보면 여러 의문점이 생기고 역사를 개념화시켜 이해하는 여러 가지 연결 고리를 배우게 됩니다.

역사 공부를 잘하는 비결은 ?

누구나 공부를 잘하고 싶을 겁니다. 이 책을 읽고 있는 학생들도 역사가 무엇인지 궁금하고 역사 공부를 조금이라도 더 잘하고 싶어서 이 책을 집어 들었을 수도 있겠지요. 역사 공부를 잘하는 비결은 '스스로 이해하고 가슴으로 공부하는 것'입니다.

우리는 어려서부터 역사를 공부합니다. 한국사의 경우 초등학교, 중학교, 고등학교에서 세 번이나 반복해서 배웁니다. 그런데 배울 때마다 새롭고 전에 배웠던 내용이 기억나지 않지요? 스스로 이해하지 않고 그저 몇몇 지식을 암기했기 때문입니다.

역사를 스스로 이해한다는 것은 어떻게 해야 하는 것일까요? 바로 앞 질문에서 범주화와 개념화에 대해서 배웠죠? 범주화와 개념화는 학습해야 할 내용을 스스로 정리하는 것을 말합니다. 그렇게 하기 위한 가장 좋은 방법은 노트 정리를 하는 거고요.

보통 시험공부를 하라고 하면 대부분의 학생들은 교과서를 여러 번 읽습니다. 대개는 제목은 신경도 안 쓰고 수업 시간에 중요하다고 교과서에 표시해 놓은 부분을 중심으로 읽고 또 읽습니다. 그보다 조금 더 열심히 하는 학생은 그것을 암기하고 조금 더 성의가 있는 학생은 참고서의 요약 정리된 내용을 암기합니다. 이런 방식은 학습이 아니라 그저 '암기'일 뿐입니다.

이런 방식으로는 알아야 할 지식의 양이 적은 초등학교나 중학교에서는 통할지 몰라도 고등학교에서는 절대로 통하지 않고 좋은 점수를 받을 수도 없습니다. 고등학교 역사는 내용도 많지만 시험 문제가 어려워서 단순히 지식을 암기해서는 풀 수 없기 때문이지요.

그래서 스스로 하는 노트 정리가 필요합니다. 노트 정리는 단순히 교과서의 내용을 요약해서 옮겨 놓는 것이 아니라 교과서를 이해한 결과를 간략하게 표현하는 것입니다.

예를 들어 바로 앞에서 배운 구석기 시대에 관한 내용을 노트 정리할 때 처음 노트 정리를 하는 학생은 '구석기 시대 : 뗀석기의 사용, 무리 생활, 이동 생활, 원시 공동체 사회, 매장 풍습, 동굴 벽화, 수렵과 채집…' 이런 식으로 정리할 것입니다. 하지만 스스로 이해하는 학습 방법이 익숙해지면 '범주화'와 '개념화'를 시도합니다. 아래와 같은 표를 직접 만들 수도 있어요.

구분	구석기 시대	신석기 시대
정치	정치 활동 없음 (이유: 계급 발생 이전)	구석기 시대와 비슷
경제	수렵, 채집, 뗀석기의 사용	농경, 목축, 간석기의 사용
사회	원시 공동체 사회, 무리 생활	원시 공동체 사회, 씨족 사회
문화	매장 풍습	샤머니즘, 토테미즘

사실 이런 표는 어느 참고서에나 나오는 내용입니다. 그런데 이런 표를 스스로 만들어 보는 것과 참고서에 나오는 내용을 무작

정 외우는 것은 큰 차이가 납니다. 이런 표를 만드는 과정에서 궁금하거나 잘 이해가 되지 않는 내용을 이해하게 되기 때문입니다. 그런 과정을 거치게 되면 일부러 암기하지 않아도 기억하게 되는 내용이 많아지고 역사 공부가 점점 쉬워지게 됩니다.

교과서의 본문을 요약하고 정리하는 것뿐만 아니라 교과서에 제시된 유물이나 유적의 사진도 놓치지 말아야 합니다. 역사가가 역사를 탐구하는 과정을 따라서 역사 학습을 해야 하는데 사진 자료 등은 역사 탐구 과정을 따라해 볼 수 있는 연습 문제이기 때문입니다.

인터넷에서 신석기 시대의 주요 유적인 반구대 암각화를 컴퓨터로 복원해 놓은 것을 찾아보세요. 역사를 암기로 공부하는 학생은 아마 '반구대 암각화는 신석기 시대'라고 외우고 지나가겠지요. 하지만 역사 학습을 탐구 활동으로 여기는 학생이라면 이 그림의 어느 부분이 신석기 시대를 나타내는지 고민하게 될 것입니다.

구석기 시대와 신석기 시대를 구분하는 가장 중요한 요소가 무엇일까요? 뗀석기와 간석기라는 도구의 차이도 있지만 구석기 시대에는 사냥과 채집을 하고 신석기 시대에는 농경과 목축을 한다는 점이 중요합니다. 그런 관점에서 살펴보면 반구대 암각화는 오히려 구석기 시대의 모습으로 보입니다. 왜냐하면 고래를 사냥하는 장면도 있고 수많은 동물들이 나오는 것을 보면 사냥이 잘되기를 기원하는 의미가 담긴 것 같으니까요.

그런데 잘 살펴보면 울타리 안에 있는 동물들이 보입니다. 울타리 안에 동물이 있다는 것은 동물을 키우고 있음을 말하고, 그 시대적 배경이 목축을 하는 신석기 시대임을 나타내고 있습니다. 이렇게 배운 지식은 절대 잊지 않게 될 거예요. 또한 신석기 시대라고 해서 수렵을 중단한 것이 아니라 여전히 수렵이 이루어지지만 목축이 더 중요해져 가는 시기였다는 사실도 깨닫게 될 거고요.

노트 정리의 달인이 되어 역사 공부를 잘해 볼까?

이런 식으로 노트 정리를 하면 교과서의 중요한 내용을 이해하고 기억하게 될 것입니다. 물론 그런 과정은 쉽지 않겠지요? 교과서를 요약해야 하고, 잘 모르는 개념은 인터넷에서 검색하거나 선생님에게 질문해야 합니다. 하지만 그런 노력을 통해 나만의 노트를 만들어 낸다면 그 누구보다도 역사를 잘 알게 될 것입니다. 하지만 이 단계는 역사의 내용을 이해하는 수준에 불과합니다. 진정으로 역사를 공부하는 단계는 역사를 즐기는 단계입니다. 그렇다면 어떻게 해야 역사를 즐길 수 있게 될까요?

앞에서 우리는 모든 역사가 현재의 역사이고 역사는 끊임없이 새로 쓰여야 한다는 사실을 배웠습니다. 그러기 위해서는 다양한 입장과 시각으로 역사를 바라보는 태도, 다시 말해 비판적인 태도를 가져야 합니다. 역사를 비판적으로 바라본다는 것은 어쩌면 가슴으로 공부하는 것일 수도 있습니다.

다양한 시각이란 결국 기존의 역사를 서술한 입장인 승리자의 입장, 지배층의 입장, 남성의 입장이 아닌 패배자, 소수자, 여성, 피지배층의 입장에서도 역사를 바라보는 것을 의미하는데 그런 이들의 심정에 공감하지 않는다면 다양한 시각 또한 생길 리가 없기 때문입니다.

만리장성을 직접 봤을 때, '중국과 진시황은 정말 대단해'라고 생각하는 것과, '진시황의 욕심 때문에 강제로 동원된 당시 민중들이 얼마나 고통을 받았을까? 그래서 진승·오광의 난이 일어나 진나라가 멸망했겠지? 지금도 정치 지도자의 욕심 때문에 고통받는 사람들은 없을까?'라고 생각하는 것의 차이일 것입니다.

39

역사를 잘하면 취직이 잘된다고?

옛날이야기를 아는 것이 실용적일 수 있나요? 영어나 중국어 등 외국어라면 해외여행을 가서 잘 써먹을 수 있으니까 실용적이지만 역사는 써먹을 데가 없지 않나요?

역사는 의외로 실용적인 학문이자 교과 과목입니다. 역사 과목은 입시 과목으로 중요합니다. 고등학교에서 대학을 가기 위해 학생들이 준비해야 할 것은 예·체능 등 실기를 제외하면 네 가지입니다. 내신 성적, 수능 성적, 논술, 그리고 학교생활 기록부인데 학교생활 기록부에는 내신 성적뿐 아니라 각종 교내 대회 수상 경력이나 독서, 봉사 활동, 자율 활동 등이 기록됩니다.

내신 성적에서 역사 과목은 학교에서 배우는 과목들 중 비중이 높은 편에 속합니다. 국어, 수학, 영어에 비해서는 배우는 분량이나 수업 시수가 적지만 그 외 과목들 중에서는 분량도 가장 많고 수업 시수도 많은 편에 속합니다.

역사 과목은 초등학교의 경우 5학년 2학기와 6학년 1학기 사회 시간에 1년 동안 배우는 과목이지만, 중학생이 되면 사회 과목과 별도로 역사 시간이 편성되어 『역사 1』과 『역사 2』두 권의 교과서를 배우게 되고 내용도 한국사뿐 아니라 세계사가 추가됩니다. 고등학생이 되면 『한국사』, 『동아시아사』, 『세계사』이렇게 세 과목을 배우게 됩니다.

따라서 내신 성적에 신경을 써야 하는 중학교와 고등학교에서 역사 과목이 차지하는 비중은 매우 크다고 하겠습니다. 게다가 고등학교 『한국사』는 다른 사회 과목들과는 달리 필수 과목이어서 반드시 배워야 하는 과목입니다. 따라서 역사 관련 과목을 등한시해서는 좋은 성적을 받을 수 없지요.

『한국사』는 대학 수학 능력 시험 필수 과목으로 반드시 응시를 해야 하는 과목입니다. 수능 점수는 1등급부터 9등급까지 나누어지는데 가장 높은 점수를 요구하는 학교가 3등급만 넘으면 되기 때문에 반드시 만점을 받아야 할 필요는 없지요. 그래도 누구나 응시를 해야 한다는 점에서 중요한 과목임에는 틀림없습니다.

한편 역사 과목은 논술 준비를 하는 데 도움이 많이 되는 과목입니다. 고등학교의 사회 과목들은 대부분 선택 과목인데 입시에서 논술을 준비하는 학생들에게 많이 권하는 과목은 『윤리와 사상』, 『세계사』입니다. 『윤리와 사상』은 논술을 할 때 자신의 주장을 사상적, 철학적으로 표현하는 데 도움을 주는 지식을 배울 수 있고, 『세계사』는 자신의 주장에 근거가 되는 풍부한 역사적 사례를 배울 수 있기 때문입니다.

심지어 학교생활 기록부를 관리할 때도 역사 과목은 매우 유용합니다. 어느 학교든 역사 관련 대회가 없는 학교는 거의 없습니다. 대부분의 학교에서 '역사 경시대회'나 '역사 논술 대회'를 운영합니다. 그리고 독서 기록도 풍부한 것이 좋은데 역사책은 다른 분야의 책에 비해 읽기 쉬울 뿐더러 자신이 목표로 하는 분야와 관련된 다양한 역사책이 나와 있습니다. 경영, 경제 분야를 지망하는 학생이라면 경제사 책을, 이과 학생이라면 과학사 책을 읽으면 되지요.

역사는 실용적인 학문

한편 국사 편찬 위원회에서 주최하는 한국사 검정 능력 시험의 경우 합격하면 여러 가지 특혜가 있습니다. 5급 공무원 등 여러 가지 공무원 시험 및 초·중등학교 교사가 되기 위한 임용 시험에 응시하려면 한국사 검정 능력 시험 합격이 필수이고, 여러 공기업과 사기업의 입사 및 승진 시험에서 가산점을 주기도 합니다.

이처럼 역사 과목은 교과목으로서 특히 입시 과목으로서 비중이 높고 중요한 역할을 하는 과목입니다. 하지만 역사 과목의 가치는 상급 학교 진학을 위한 시험이나 취업을 위한 수단으로만 중요한 것은 아닙니다. 역사학 자체가 지니고 있는 학문으로서도 유용한 측면이 매우 많습니다.

역사 공부가 진로를 정하는 데 도움이 된다고?

학교에서 배우는 과목 중 기초 과목이 무엇인가요? 다들 알다시피 국어, 수학, 영어입니다. 그렇다면 역사는 어떤 과목일까요? 역사는 단일 과목으로도 중요하지만 다른 과목의 기초 과목으로도 중요한 위치를 차지합니다.

역사가 무엇인가요? 과거에 살았던 인간들의 삶의 모든 것을 기록해 놓은 것입니다. 그러다 보니 정치, 경제, 사회, 문화, 심지어 과학까지 인간 사회와 관련되지 않은 것이 없을 지경으로 여러 분야와 관계를 맺고 있습니다. 따라서 역사를 공부하다 보면 다양한 분야에 관심이 생기고 해당 분야에 대해 더 알고 싶은 학습 욕구가 생겨나게 됩니다.

예를 들어 오늘날 대한민국의 현실에 관심을 갖고 있는 학생이라면 '흙수저'나 '비정규직 노동자'라는 단어를 쉽게 접하게 됩니다. '흙수저'란 원래 '은수저를 물고 태어나다'라는 표현과 관련이 있어요. 과거 유럽에서 유모가 귀족 아기에게 은수저로 젖을 먹이던 풍습 때문에 생긴 말이라고 하지요. 따라서 '흙수저'는 부모의 형편이 어려워 경제적인 도움을 전혀 못 받고 있는 자녀를 가리키는 용어입니다. 부모의 경제력에 따라 '금수저, 은수저, 동수저, 흙수저'까지 여러 사회 계급으로 나뉘지요.

'비정규직 노동자'는 시간제나 기간제로 일하는 노동자로 정규직과 같은 일을 하더라도 훨씬 적은 임금을 받고 쉽게 해고될 수 있는 처지에 있는 사람을 말합니다. 두 가지 단어를 종합해 보면 오늘날 한국은 비정규직이 늘어나 경제적으로 힘든 사람들이 많아지고, 기업으로만 이윤이 독점되어 기업 소유자의 자식은 '금수저'가 되고, 비정규직 노동자의 자식은 '흙수저'가 되는 사회라는 것입니다.

역사가 내 꿈을 찾아 줄까?

이런 문제를 고민하다 보면 역사를 들여다보게 됩니다. 우리는 왜 이런 사회에 살게 되었는지 살펴보게 되지요. 그러다 보면 1948년에 처음으로 제정된 대한민국 헌법에 주목하게 됩니다. 대한민국 최초의 헌법을 제헌 헌법이라고 하는데 이 헌법에는 오늘날의 비정규직 문제와 흙수저 문제를 해결하기 위한 방법이 나와 있습니다.

제헌 헌법 18조를 보면 '영리를 목적으로 하는 사기업에 있어서는 근로자는 법률의 정하는 바에 의하여 이익의 분배에 균점할 권리가 있다'는 내용이 나옵니다. 자본주의 사회에서 노동자는 일을 한 대가로 임금을 받고, 기업의 이윤은 주주와 자본가가 가져가게 되는데 노동자가 임금 외에 기업의 이익을 나눠 가질 수 있다는 내용입니다.

이런 내용을 알게 된다면 당시의 헌법과 지금의 헌법이 어떻게 다르고 어떤 헌법을 만드는 것이 바람직한 방향인지 고민하게 될 것입니다. 그러다 보면 자신의 진로를 법학 쪽으로 정하게 될 수도 있습니다. 이처럼 역사 공부는 자신의 진로를 정하는 데에도 활용될 수 있습니다.

역사라는 학문이 진로를 정하는 데 도움이 되는 이유는 역사가 가치 판단에 도움을 주기 때문입니다. 우리는 2장에서 우리가 당연하다고 생각했던 것들이 실제로는 역사적으로 형성된 것이라는 사실을 알게 되었습니다. 그렇다면 이 지점에서 우리는 선택을 해야 합니다. 역사적으로 형성되었다고 해서 그 모든 것이 정당하고 옳은 것은 아니기 때문입니다. '생각하는 대로 살지 않으면 사는 대로 생각하게 된다'는 말이 있습니다. 역사적으로 형성된 대로 살 것인가 아니면 다른 방식으로 살 것인가를 판단하는 것, 그것이 바로 생각하는 대로 사는 방법입니다.

질문하는 사회 02

내가 SNS에 올린 글도 역사가 된다고?

초판 1쇄 발행 2017년 9월 15일
초판 7쇄 발행 2022년 12월 7일

지은이 김대갑 그린이 김혜령
펴낸이 이수미
편집 이해선
북 디자인 신병근
마케팅 김영란

종이 세종페이퍼 인쇄 두성피엔엘 유통 신영북스

펴낸곳 나무를 심는 사람들
출판신고 2013년 1월 7일 제2013-000004호
주소 서울시 용산구 서빙고로 35 103-804
전화 02-3141-2233 팩스 02-3141-2257
이메일 nasimsabooks@naver.com
블로그 blog.naver.com/nasimsabooks

ⓒ 김대갑, 2017
ISBN 979-11-86361-48-1
    979-11-86361-44-3(세트)

- 이 책은 저작권법에 따라 보호받는 저작물이므로 저작권자와 출판사의 허락 없이
  이 책의 내용을 복제하거나 다른 용도로 쓸 수 없습니다.

- 이 도서의 국립중앙도서관 출판시도서목록(CIP)은
  서지정보유통지원시스템 홈페이지(http://seoji.no.go.kr)와
  국가자료공동목록시스템(http://www.nl.go.kr/cip.php)에서 이용하실 수 있습니다.
  (CIP제어번호:CIP 2017022043)

- 책값은 뒤표지에 있습니다. 잘못된 책은 바꾸어 드립니다.